JN255150

障害者が街を歩けば差別に当たる?!

当事者がつくる差別解消ガイドライン

DPI日本会議 編

現代書館

はじめに

～誰もが理解し合い尊重し合える社会へ～

平野みどり
（認定ＮＰＯ法人ＤＰＩ日本会議　議長）

「ＤＰＩ」はDisabled Peoples' Internationalの略称で、国際障害者運動のネットワークとして一九八一年に結成されました。ＤＰＩ日本会議はその日本国内組織として一九八六年に発足しました。身体障害、知的障害、精神障害、難病等の障害種別に関係なく、あらゆる障害に関係した取組みを行っています。私たちは、地域の声を集めて国の施策へ反映させ、障害のある人もない人も同じように暮らせる社会の実現を目指し、活動しています。

さて、一九六〇年代のお話です。Ａさんは一歳半のときに小児まひ（ポリオ）に罹り、その後遺症で両足が動かず、松葉づえを使うことになりました。二年半の施設暮らしを体験しましたが、小・中学校は地元の学校に通い、他の子どもたちと共に育ちました。高校進学を考え、地元の高校を受験しようとしたときのことです。教科の試験では合格したのですが、その高校の校長にＡさんとお父さんが呼ばれました。そして校長はこう切り出したのです。

「Ａ君は確かに試験では合格です。しかし入学を許可するにあたっては、次のことが条件です。それは『たとえ他の生徒が、もしＡ君を故意に（わざと）階段から突き落としたとしても、その生徒や学校に責任を問わないこと』です。それが無理なら入学は許可できません」

A君とお父さんは、この理不尽な条件に衝撃を受けました。「不可抗力ならまだしも、故意にやっても責任を問わないと?!」悔しさに唇をかみしめながらも、高校に行くために受け入れるしかありませんでした。このような明らかな人権侵害や障害者差別を教育者がしていたなんて信じられませんね。

Aさんは今どうしているかって？　彼はその後、バリアだらけだった地元の大学を卒業し、就職し、障害をもつ仲間たちと地元で権利擁護活動を行ってきました。その後、当事者としての様々な経験を活かして、制度や政策を変えなければと考え、今、車いすで熊本市議会議員として活動しています。村上博さんという私の先輩であり、友人でもあります。

私が両下肢麻痺で車いす生活になったのは三〇年前のことです。車いす生活開始から約一年、アメリカに渡り「障害をもっていることを忘れるほど」の環境での生活を経験し、なんとか日本をそれに近づけたいと思っていたちょうどその頃、故郷の熊本では県立の障害者施設で、職員による、聴覚や知的に障害がある入所者がターゲットになった年金着服事件が発覚しました。

何とも重く深刻なこの二つの差別事例。しかし、これらは、私たちの日常に今もあふれている小さな差別や不合理から生まれているのではないでしょうか。考えてみてください。例えば障害のある人は、

・地元の友達と行きたい学校に行けるか
・どこの飲食店や店舗も、車いす利用者などに対応しているか
・バスや電車など公共交通機関をいつでも利用できるか
・住みたい所で住宅を探せるか。拒否されないか
・自分にできる仕事、やりたい仕事を見つけ、就職することができるか

これらは、障害のない人たちにとっては、当たり前のことです。その当たり前の人としての権利が損なわれていることで、障害をもつ人たちは大変困り、怒りや疑問をもつのです。何も、障害のない人以上に特別なことを求めているのではないのです。世の中には、障害のある人のように、違った特徴や条件をもって暮らす人たちがたくさんいます。突き詰めれば、人は人の数だけ違うのです。そんな人たちで成り立っている社会だからこそ、違うことで排除するのではなく、互いの違いを大事にして尊重する社会にしていかなければなりません。

障害をもつ人たちが苦しんでいる差別について知り、考えてください。そして、それをきっかけに、誰もが理解し合い尊重し合える社会、あなたもあなたの家族や友だちも安心して生きられる社会を、共に創っていこうではありませんか。

二〇一七年　晩秋

※なお、執筆者の肩書きは執筆当時のものです。

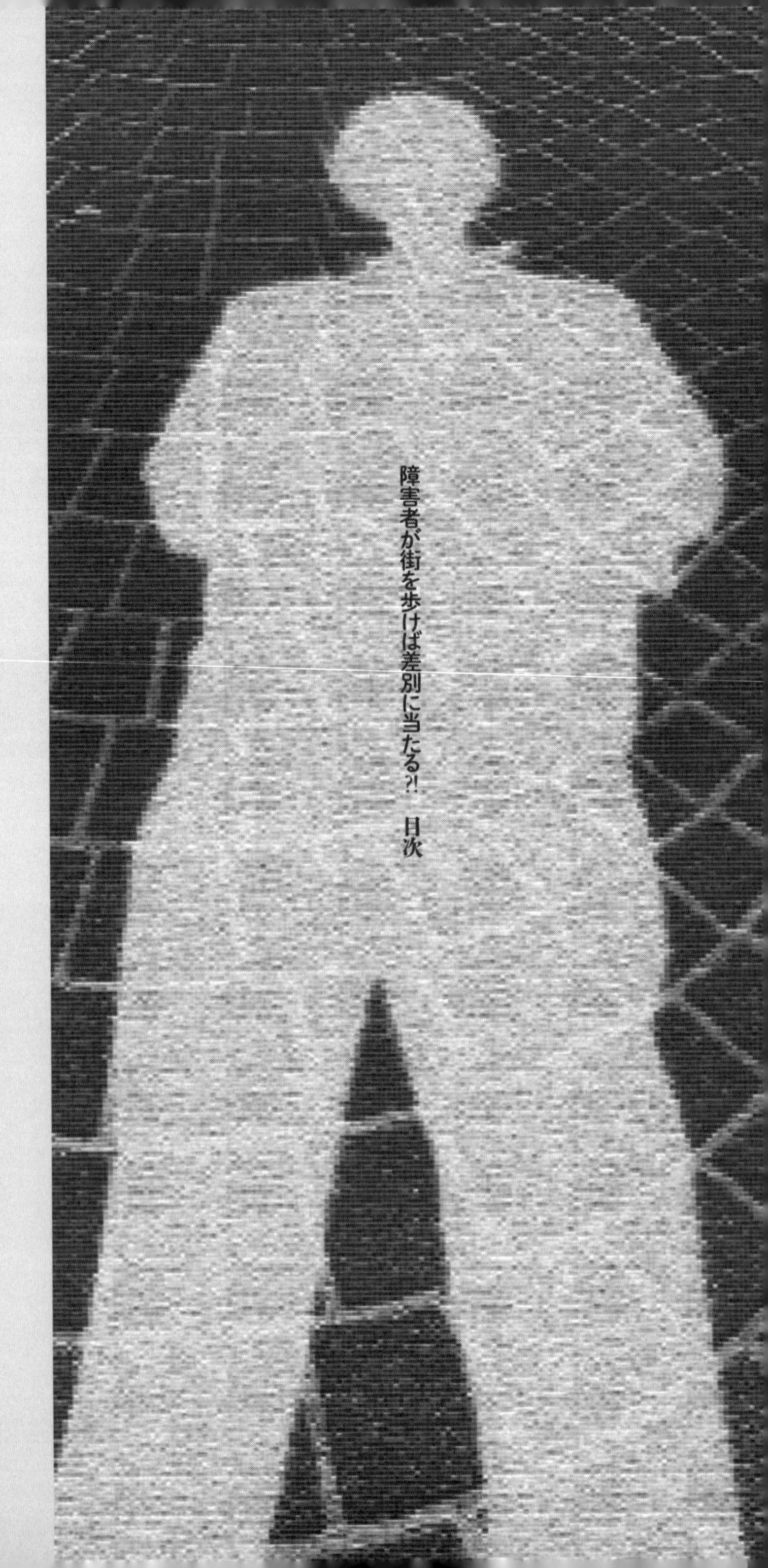

障害者が街を歩けば差別に当たる?! 目次

本書のねらい

田丸敬一朗
（ＤＰＩ日本会議　事務局長補佐）

はじめに

障害を理由とする差別の解消の推進に関する法律（以下、障害者差別解消法）は、二〇一六年四月に施行され、二〇一九年に見直しを行うこととなっています。障害者差別解消法ができた大きなきっかけは、二〇〇六年に障害者の権利に関する条約（以下、障害者権利条約）が採択されたことです。障害者権利条約はこれまで「保護の対象」と考えられてきた障害者を、「権利の主体」とし、他の者との平等を基礎として、障害のある人もない人も同じ権利を保障されなければならないという考え方のもとに策定されました。

障害者差別解消法は、障害者に対する「不当な差別的取扱い」を禁止し、「合理的配慮の提供」を求める法律です。（二七頁以下の「障害者差別解消法って？」で、わかりやすく解説していますので、そちらをご覧ください。）

障害者差別解消法では、合理的配慮の提供は、民間は努力義務にとどまっていること、各則（教育、交通、医療、サービス提供、不動産など分野ごとでの記載）がないこと、紛争解決の仕組みが不十分なこと、複合差別（障害のある女性など）についての記載がないことなどの課題が残されていることから、私たちは二〇一九年の見直しの際に、上記の課題を解消するための提言作りを行っていかなければなりません。

DPI日本会議は、公益財団法人キリン福祉財団の助成を受け、「障害者差別解消NGOガイドライン作成プロジェクト」（以下、NGOガイドラインプロジェクト）を、二〇一四年度から三年間実施してきました（プロジェクトの詳細は、次頁の「NGOガイドライン作成プロジェクトとは」をご覧ください）。

この本を通じて、このプロジェクトで集まった差別事例・好事例とその分析結果、一般企業や行政等の取組み、また海外の差別事例、そして私たちの各省庁の対応指針に対する提言など、より多くの方にこの法律の趣旨や問題点、また障害者が直面している差別の実態を知っていただきたいと私たちは考えています。

障害者差別解消法をバージョンアップするために

障害者差別解消法が施行されてから、実際にはどのような差別が起き、それが解決しているのか、もしくはしていないのか。差別があった際、どの相談窓口に行き、どのような対応をとられたのかを明らかにするためには、障害当事者の実体験をもとにするのが一番有効な方法です。

また、どこまでが合理的配慮なのかという議論は、その障害者と行政や事業者の状況によっても変化するため、簡単にマニュアル化できるものではありません。

今後、障害当事者が合理的配慮の提供を求めていくためにも、多様な障害種別、状況を踏まえて、より多くの好事例も収集していくことが重要です。

障害者差別解消法をより良いものにしていくためには、多くの障害当事者の声を集めて分析し、見直しのための提言を作成していく必要があります。

私たちは、障害のある人とない人が分け隔てられることなく、区別・排除・制限をされず、社会が障害者を受け入れること（参加とインクルージョン）を目指しています。

真にインクルーシブな（「インクルージョン」については七二頁を参照してください）な社会を実現していくためにも、この障害者差別解消法を良いものにし、障害の有無にかかわらず、共に学び、働き、遊び、語り合える社会をつくっていかなければならないと考えています。

NGOガイドラインプロジェクトとは

二〇一四年度、DPI日本会議は公益財団法人キリン福祉財団の助成を受け、NGOガイドラインプロジェクトを開始しました。プロジェクトが開始された前年である二〇一三年に障害者差別解消法は成立しましたが、施行までの三年間で政府を中心として、この法律の基本方針、対応要領・対応指針が策定されました。

対応要領とは、国、都道府県、市町村が作成するもので、そこで働く職員が、障害者に対して適切に対応できるためのガイドラインです。一方、対応指針とは、事業を所管する国の府省庁が、会社や店舗などの事業者が、障害者に対して適切に対応できるよう作成したガイドラインです。

これらに私たちの声を十分反映させ、実態に即したものを作成することを目的として、NGOガイドラインプロジェクトが立ち上がりました。

以下に、三年間の本プロジェクトの主な取り組みを紹介します。

1　事例収集

毎年九月を事例収集強化月間と位置付け、二年目からはウェブフォームも活用し、全国に呼び掛け、差別と感じたことを皆さんから送っていただきました。同時に、差別ではなく合理的配慮が提供されたなどの好事例も収集しました。結果、三年間で約一千件の事例が集まりました。

ここで集まった事例をプロジェクトメンバーが一つひとつ確認し、差別である、あるいは合理的配慮の欠如だ、などと議論をしながら分析作業を行いました。この事例の収集・分析結果が、対応要領・対応指針への意見作成の際に活かされ、障害当事者の声が多く反映されることに繋がったのです。

2　タウンミーティングの開催

障害者差別解消法には、実際に差別が起きた際の紛争解決の仕組みが不十分であるなど、いくつかの課題が残されています。この課題を補い、障害者差別解消法を推進するためには、都道府県や自治体レベルで、障害者差別を禁止する条例が必要です。

NGOガイドラインプロジェクトは、条例のない地域では条例づくりの促進を、条例のある地域ではその啓発を目的として、一年目は茨城県、静岡県、愛媛県で、二年目は、宮城県、栃木県、宮崎県で、三年目は、鹿児島県、三重県、福島県、埼玉県でタウンミーティングを開催しました。

タウンミーティングでは、障害者差別解消法に関する講演、条例づくりの取組みの紹介や条例制定後の状況の報告に加えて、①で集まった事例を基に、ワークショップを行いました。この事例を読み、これがどのような差別にあたるのか、あたらないのかを、グループに分かれて自由に議論していただきました。

このタウンミーティングを通じて、障害者差別解消法が実際に私たちの生活にどのような影響を及ぼすのか、差別・合理的配慮とはどのようなものかについて考えるきっかけとなり、各地域における差別禁止条例のバージョンアップや条例策定のための運動の促進、障害者団体同士のネットワークの強化を果たすことができました。

3　「障害者差別解消法推進キャンペーン～そうだ、相談窓口使ってみよう！～」

障害者差別解消法は施行されたものの、まだまだ一般に十分知られているとはいえません。この法律がどのように社会を変えていけるのか、相談窓口はどの程度機能しているのかを知るために、この法律を実際に活用してみなければなりません。そこで、この「そうだ、相談窓口使ってみよう！」という申し立て運動を行うこととなりました。対応要領・対応指針、各地で策定された条例等に記載されている相談窓口などに実際に起きている事案を相談し、その際の対応を蓄積して行っています。

このNGOガイドラインプロジェクトは終了しましたが、障害者差別解消法は施行されたばかりです。障害者差別解消法をもっと良いものにしていくためにも、私たちはこのプロジェクトで行ってきた様々な取組みを、今後も継続していきます。

障害者差別解消法をバージョンアップして、社会をより良い方向へ変えていきましょう。そのためにも、この本をぜひご活用ください。

第Ⅰ部

イントロダクション
障害者差別を知ろう！

第Ⅰ部では、身近に起きている
障害者への差別について一緒に考えてみましょう。
架空の人物「さゆか」の日常を通じて、
障害者差別解消法のことをわかりやすく解説します。

一　さゆかの日常

鷺原由佳
（DPI日本会議　事務局員）

「さゆか」は、精神障害をもつ三十代の女性です。さゆかが辿ってきた人生と日常生活を、ちょっと覗いてみましょう。さゆかは日々、どんなことに遭遇しているのでしょうか。

さゆかの日常1～学生時代編

さゆかは、大学三年生の冬に「統合失調症」を発症しました。はじめは病識（自分が病気であるという自覚）がなく、アパートに閉じこもっていました。異変に気付いた友人の勧めで数カ月通院したものの改善せず、結局、精神科病院へ入院することになりました。

さゆかは入院を目前にしたある日、大学の教務室に呼び出され、教授たち数人に囲まれ、「退学するか、それとも休学するか、あるいは留年するか選びなさい」と迫られました。経済的に留年は難しいし、せっかく入学したので退学はしたくないし、休学も嫌だったさゆかは、「病院から大学に通わせてください」と頼みました。

主治医に直訴し、ようやく許可が出ました。さゆかは朝、病院を出て昼間大学に通

さゆか

い、病棟の鍵が閉まる午後七時までに病院に戻るという生活を送りました。

入院生活はおよそ一年に及び、さゆかは四年生になっていました。病床で卒業論文を書くことになりましたが、抗精神病薬の副作用で手が震え、長時間作業を行うのが辛いため、「薬の影響で手が震えるので、卒業論文は書けません。何か代替案はありませんか」とゼミの教授に相談しました。しかし、「卒業論文を提出しないと、卒業は認めません」と言われてしまいました。

さゆかは震える手で、必死に卒業論文を書きました。病気のせいで思考がまとまらないので、出来栄えはめちゃくちゃでしたが、後日、ゼミの教授は「可哀想にね」と言って、最終的に卒業論文に印を押しました。

さゆかは、卒業直前に精神科病院を退院し、なんとか大学を卒業したのでした。

▼用語解説①
統合失調症：精神疾患の一つ。さゆかの場合は幻聴・被害妄想などの陽性症状と、抑うつ状態、感情鈍麻などの陰性症状の両方に襲われた。適切な治療と支援を受けることで十分に社会生活を送れるが、社会資源の不足や劣悪な医療環境によって起こる「社会的入院」が問題となっている。

さゆかの日常2～アルバイト時代編～

大学を卒業したさゆかでしたが、就職活動などが一切できなかったため、どこへも行き場がなく、実家に閉じこもる日々が続きました。

ある日、少しでもお金を稼ごうと、短期のアルバイトに応募しました。スーパーマーケットでの試食販売のアルバイトでした。八時間立ちっぱなしで、お客さんにドレッシングの試食をしてもらうという内容です。さゆかは、雇い主に「疲れやすい」という障害特性を伝えられませんでした。五日間の契約でしたが、三日目の朝に体調を崩してしまいました。雇い主に「すみませんが、お休みさせてください」と伝えたところ、「あなたは結構です。もう来ないでください」と言われてしまいました。その後も日雇いのアルバイト(倉庫のピッキング作業、お菓子の販売など)を転々としましたが、安定した収入には程遠く、なかなか親元から自立することができませんでした。

さゆかの日常3～最初の就職編～

このままじゃいけない、自分にも何かできることがあるはずだと、市内の精神科病院に看護助手として応募しました。しかし、最終面接のときにも自分の障害のことを伝えられず、いつかバレたらどうしよう、という思いでハラハラしながら仕事をしていました。もちろん、仕事の遂行のために必要な配慮は得られず、三カ月目にして極度の緊張から失神してしまいました。この時に、看護師長にさゆかが精神障害者であることが知られてしまいました。

看護師長は、「どういうことだ」と恫喝しました。そうして「嘘つき」などの言葉の暴力、パワーハラスメント、挨拶をしても無視されるなどの嫌がらせが始まりました。さゆかは耐えられなくなって、結局「自己都合」で退職させられました。

さゆかの日常4～ボランティア編～

就職失敗で意気消沈していたさゆか。ある時、近所を散歩していたら、道端で電動車いすに乗ったおじさんが段差で困っている場面に出くわしました。さゆかが「お手伝いしましょうか」と声をかけると、「ありがとう。ちょうど介助者のいない時間帯で、でも外出しなきゃならなくて、困っていました」とお礼を言われました。

この時、初めてさゆかはこのおじさんが、近所にある自立生活センター（以下、CIL）ディッピーの所長、サトルさんであることを知ります。

自立生活センターの存在も今まで知らなかったさゆかは、自分の居場所が欲しかったので、思い切って「ボランティアさせてください」と言いました。自分の障害については言い出せないままでしたが、サトル所長はボランティア希望を快く許可してくれました。

別の日、CILディッピーに行ってみると、さゆかはそこで衝撃を受けました。頸髄損傷で手足の不自由な方が、手にペンをくくりつけてキーボードをがしがし打って文章を書いたり、障害者が障害者の相談に乗っていたりしたからです。今まで、さゆかは障害者は保護や支援の対象としか思っていませんでしたが、CILディッピーでは障害当事者が生き生きと活動しているのです。

障害当事者が堂々としている姿を見たさゆかは、思い切って自分の障害についてカミングアウトしました。すると、サトル所長は「ここは障害のある仲間がたくさんいるよ」とニッコリ。さゆかはやっと、安心できる場所に出会いました。

▼用語解説②

自立生活センター：Center for Independent Livingの頭文字を取って「CIL」と呼ばれる。障害当事者が主体となって運営されているセンター。介助派遣、相談支援業務などを主に行っている。全国各地におよそ一三〇カ所ある（二〇一七年八月現在）。

さゆかの生活5～飲食店編～

三カ月が経ったある日、CILディッピーでパーティーを開こうということになりました。さゆかの歓迎会も兼ねてのものでした。さゆかは、一五名くらいで入れる美味しいお店を探そうと、インターネットや電話で下調べをしましたが、口コミサイトで「美味しい」と評判の店はどこも店の前に数段の段差があったり、地下に店舗があるのにエレベーターがないなど、なかなか見つかりません。

インターネットの情報だけじゃだめだと思ったさゆかは、電動車いすの仲間と一緒に実際に街に足を運びました。ところが、電話口では「うちはバリアフリーですよ」と言っていた店に行ってみると、そこには大きな段差が。「どういうことですか」と店主を問いただすも、「手動車いすの高齢者を想定している。電動車いすはちょっとね」と言われてしまいました。

さゆかは頭にきて、「だったら、バリアフリーの看板を下ろしてください」と主張しました。しかし店主は「今、忙しいから」とガラガラの店の奥に引っ込んでしまいました。電動車いすの仲間は、「よくあることだよ。悔しいけど」とさゆかを慰めました。

さゆかはディッピーに戻ると、ことの顛末をサトル所長に話しました。サトル所長は、「残念だけど、今回のパーティーは持ち寄って事務所で行おう。そのお店には今度、もう一度話し合いに行こう。話せばスロープを付けてくれるかもしれないからね。さゆかさん、よく頑張ってくれたね。バリアフリーや権利擁護に興味はありますか？」と言いました。

突然の質問に驚いたさゆかでしたが、今まで日々仲間が差別に遭遇してきた実態を目の当たりにしてきたさゆかは、即答で、「はい、もちろんです」と答えました。しかし、「でも、私には資格も何もありません」と正直な思いを伝えました。ですがサトル所長は、「障害のエキスパートは、障害当事者です。さゆかさんは十分にもう立派なエキスパートですよ」と言ってくれました。

このことがきっかけで、さゆかはディッピーに就職することになりました。

さゆかの日常6～本当の就職編～

いざ、CILディッピーのスタッフになったさゆかでしたが、業務はとても忙しくて、すぐに疲れてしまいました。仲間が心配して、「さゆかさんが働くには、何が必要なのかな?」と聞いてくれました。さゆかは、率直に「数字に弱いという特徴を私はもっています。相談記録のカウントなど、数字を扱う業務の時には他の誰かにサポート、ダブルチェックをしてほしいです」。「場の空気を読むのが苦手です。たとえ変なことを言ってもバカにしないでください」。「めまいがすると、幻聴の合図です。幻聴がすると、もう考えがまとまらなくなって、自分を見失います。だから、そういう時には静かな場所で横になれることがありがたいです」などを伝えました。

すると、先輩障害当事者が、「就業時間をフレキシブルにしましょう。できることをできる範囲で精いっぱいして下さい。さゆかさんはまじめすぎるから、力を抜いてね」と言ってくれました。

程なくして、パーテーションで区切られたスペースに簡易ベッドが置かれました。すると、ベッドを使うのはさゆかだけではなかったのです。障害や病気で体力のあまりない人や、ちょっと調子の悪いスタッフが利用するようになり、ディッピーの職場環境は良くなりました。

さゆかの日常7〜外出編〜

さゆかは、実はまだどこかで「自分の病気はいつか治る」と思っていました。それを見抜いていたのでしょうか、ある時サトル所長が、「ピアカウンセリング講座を受講しませんか」と言ってきました。

初めて聞いた単語に興味を示したさゆかは、チラシにあった応募先に連絡しました。連絡先は、精神障害者のピアサポートセンターでした。

「障害名は精神障害、統合失調症です」と伝えると、「ぜひ来てください」と先方に答えてもらい、さゆかは恐るおそる、隣の県にあるピアサポートセンターに足を運ぶことになりました。

ピアカウンセリング講座当日、久々に電車に乗るのが不安だったので、脳性まひで電動車いすの仲間と一緒に参加することにしました。ところが、電車に乗ろうとしたところ、さゆかのことを介助者だと勘違いした駅員が、さゆかのほうだけを見て、「一番前の車両まで移動してください」「次の次の電車に連絡がつきましたので、それに乗ってもらいます」と言ってきました。

何かおかしいと思ったさゆかは、「次の電車に乗ります。先方との約束の時間があるのです」と言いましたが、「連絡がつかないので決められた電車に乗って下さい」と駅員は言います。「乗せてくれればいいですから」と電動車いすの仲間は言いましたが、「それは困ります」と駅員に返答されてしまいました。

▼用語解説③

ピアカウンセリング：障害者自身がカウンセラーとなり、仲間（ピア）に対して対等な関係で行うこと。障害者のエンパワメントを促し、自己選択・自己決定に基づいて自立生活を送っていくためのサポート方法である。

電動車いすの仲間は憤慨して、「どうして行きたいときに行きたい場所へ行けないんですか」と言いましたが、結局二本後の電車に乗ることになってしまいました。

約束の時間を過ぎてしまったので、「申し訳ないです」とさゆかはピアサポートセンターの代表に謝りました。

しかし、代表はにこやかにさゆかを出迎えました。「サトルさんから話は少し聞いています。ようこそ」。

そして、さゆかはピアカウンセリングに出会うことになるのです。

さゆかの日常8～当事者運動デビュー編～

サトル所長の読みは当たりました。ピアカウンセリングを通じて、さゆかはみるみるエンパワメントされていったのです。

「ありのままの自分でいいんだ」。そんな風に、心から思えるようになったのです。それと同時に、「今まで自分ががんじがらめになっていたものは、一体何なのだろう?」という疑問も生まれました。

「障害はないほうが良い」「障害者は可哀想な存在だ」といった考え方です。さゆかは、社会にこうした考え方が蔓延していることに気づきました。自分も含め、障害者が日々出会っている苦労は苦労ではなく、「差別」なのだということも、改めてさゆかは感じました。

▼用語解説④
エンパワメント：その人が自分自身の力で、問題や課題を解決していく力を得ること。さゆかの場合、「障害があってもいいんだ」「障害と共に生きていこう」と、自分の精神障害を前向きに受容することができた状態を指す。

さゆかの日常9〜教育編〜

さゆかは、サトル所長が教えてくれた「誰も排除されない、障害の有無で分け隔てられないインクルーシブな社会」という言葉にとても惹きつけられました。排除を経験したさゆかですから、この「インクルーシブ社会」をぜひ実現させたい、という思いが強かったのです。実現のためには何が必要だろう？　そう思い返してみると、自分の小中学校時代には障害をもつクラスメイトはいなかったし、高校・大学にもいませんでした。障害者は社会にたくさんいるのに、なぜ自分の通った学校にはいなかったのでしょう。よく考えると、それはおかしいことではないでしょうか。さゆかは今の「分離教育」のあり方に強い疑問をもつようになります。さゆかは、インクルーシブ社会の実現には、小さい頃から一緒に学んで育つ「教育」が重要だと思うようになりました。

ある日、ディッピーに双子の障害児のお母さんがやってきました。子どもたちは、名をケイコとダイスケといいました。ケイコは視覚障害で全盲、ダイスケは発達障害をもっています。

「今、就学相談に呼ばれ、教育委員会に、ケイコは特別支援学校が、ダイスケは特別支援学級が適していると説得されています。この子たちは、近所の友達と同じ教室では勉強できないのでしょうか」

お母さんはとても困った様子です。サトル所長が、「私たちも一緒に教育委員会と話し合いましょう」と力強く言いました。さゆかは、「私も同席させてください」と申し出ました。

教育委員会の姿勢は固いものでしたが、サトル所長たちは、障害のある子どもが地域の普通学級で共に学んでいる実例を紹介し、また学校教育法施行令が改正され、保護者の意思を尊重するようになっていること、そして障害者権利条約が批准されていること、障害者差別解消法が施行されていること、「障害の有無によつて分け隔てられることなく」という障害者基本法の趣旨などを説明しながら、何度も話し合いを重ねました。

しかし、教育委員会の人はこう言いました。

「お子さんたちの障害に合った丁寧な教育ができる視覚障害特別支援学校と、特別支援学級のほうがお子さんのためではないですか。特別な支援がない普通学級へ行かせたいというのは、親のエゴではありませんか」

その言葉に、今まで穏やかに話していたサトル所長も、ここは厳しくたださなければと表情を変え、車いすから身を乗り出し発言しようとしました。しかしその時、ケイコとダイスケがすかさず言いました。

「私は、ダイスケや友達と違う学校に行くのは嫌だよ」

「僕も、みんなと離ればなれは嫌だよ！」

その言葉に、教育委員会はついに「わかりました」と言いました。教育委員会も、国内外の動向を受け、本人保護者の意思を受け止め、新しい時代になりつつあるようです。こうして、ケイコとダイスケは地域の小学校（普通学級）に入学しました。後日伝え聞いた話では、ケイコとダイスケは新しい友達もできて、毎日楽しく小学校へ通っているとのことです。

さゆかの日常10～医療機関編～

精神科の通院先を職場の近くのクリニックに転院したさゆかは、仕事帰りに気軽に寄れるように業務時間を工夫してもらっています。十七時であがって、そのままふらりとクリニックへ行くのです。ところが、そのクリニックは受付係の医療事務や、看護師、ＰＳＷ（ソーシャルワーカー）の態度があまり良くありませんでした。

それでも、利便性を優先して我慢して通っていたさゆかでしたが、ある時、「手帳の更新のために診断書を書いてほしいです」と受付係に言ったところ、「さゆかさん、間違えていますよ。手帳の有効期間は来年までです。ご自分のことくらい、ご自分で管理してください」「あなたは自分のこともわからない人間だ」「診断書を書くと五千円かかる。あなたは五千円をドブに捨てるほどの身分なのか」と侮辱的なことを言われました。

さゆかは何も言えなくなり、言葉をグッとこらえて帰途につきました。

さゆかは、入院中にベッドのシーツを「リハビリ」と称して自分で交換させられたり、診察は週に一回あるかないかだったり、入浴室に男性看護師がいきなり入ってきたりと、色々な目に遭ったことを思い出しました。精神科病院の中で、患者を対等な人として見ていない専門職たちの姿に、さゆかは悔しさを噛みしめました。

さゆかの日常11～自立編～

ディッピーのスタッフになって一年、ようやくさゆかは親元から自立する決意をしました。まずはアパートを探そうとしましたが、正直に精神障害者だと近所のイマティー不動産に伝えると、直接ではないものの、それとなく貸すのを拒否され、「ウチで紹介できる物件はないです」と言われてしまいました。二軒目でも、さゆかは「堂々としていよう」との思いから、精神障害のことを話し、審査までいきましたが、そこで落ちてしまいました。

ディッピーの先輩スタッフに相談したところ、「障害者に理解のある不動産屋を知っているよ」と、ディッピーからは少し離れたところにあるアドボカシー不動産を紹介されました。アドボカシー不動産はディッピーの他スタッフにも何名か物件を貸していて、障害者にとても理解のある不動産屋です。さゆかも無事に契約をして、暮らすアパートが決まりました。

アドボカシー不動産の社長は言いました。「もっとみんながちゃんと理解して、妙な偏見をなくして物件を貸したらいいのにね」。

実は、社長の息子さんは、知的障害者だったのです。障害者のことを知っているからこそ、理解があったのです。逆に、知らないから怖い、怖いから近寄らない、近寄らないから知らない、という社会の悪循環を、さゆかは身をもって感じました。

一人暮らしになると、色々なものが必要になりますが、さゆかはまず保険に入ろうと思い、県民共済が手ごろだと思って電話しました。

オペレーターが「今、通院などされていますか?」と聞くので、「はい。月に一度、精神科に通っています」と答えました。すると、「申し訳ないのですが、うちではご加入いただけません」との返答です。「なぜですか?」と聞くと、「そういう決まりなので」の一点張り。

さゆかは手ごろな保険料をあきらめ、なんとか入れる保険を探しました。県民共済なら一千円程度ですんだ出費が、民間の保険で月およそ一万円の出費になってしまいました。

さゆかの日常12〜おわりに〜

さゆかは現在、様々な配慮を得てCILディッピーで働いています。

ですが、決してすべてが解決しているわけではありません。精神障害者として生きていこうと決めたさゆかですが、まだまだ色々な場面でバリアを感じています。みんなで解決していくべき課題は残っています。

日々いろんな差別に遭遇するさゆかですが、決して負けてはいません。皆さんも、ぜひ、さゆかを応援してください。差別をなくすことがインクルーシブ社会への第一歩です。そして共に、みんなのための社会、誰も置いてけぼりにされない、みんなに居場所がある、そんなインクルーシブ社会を創っていきましょう。

二　障害者差別解消法って？

崔（さい）　栄繁（たかのり）
（DPI日本会議　議長補佐）

はじめに

障害者差別解消法という法律ができました。正式名称は「障害を理由とする差別の解消の推進に関する法律」といい、二〇一三年六月に国会で採択され、二〇一六年から施行されました。これによって、障害者への差別をなくしていくことが日本に住むすべての人たちの法律上の義務となりました。障害者差別解消法は「不当な差別的取扱い」をしてはいけないこと、「合理的配慮」というしなければならないことを定めています。

なぜこの法律ができたのでしょうか？　ここには、障害者差別をなくそう、という世界的な動きが関係しています。

一九九〇年には世界で最初の障害者への差別を禁止する法がアメリカででき（「障害を持つアメリカ人法」（ADA））、世界に広がりました。また、障害者権利条約という国連の人権条約が大きな影響を与えています。正式な名称は「障害者の権利に関する条約（以下、障害者権利条約）」といいます。

条約とは国と国の文章による約束事であり、その条約を批准した国（条約に加盟した国）は条約を実施する義務が国際法上生じます。国連には女性差別撤廃条約（政府訳では「女子差別撤廃条約」）や子どもの権利条約（同「児童の権利条約」）など一〇の人権条約があるとされていますが、障害者権利条約もその一つです。二〇〇六年十二月、国連総会で採択された二十一世紀につくられた最新の人権条約で、日本政府は障害者差別解消法の制定を経て二〇一四年に批准しました。障害者差別解消法を理解するうえで、障害者権利条約の理念や規定は非常に大事なものです。

本書第一章の一、「さゆかの日常」をご覧になると、いろいろな「障害」をもつ人がいることや、年齢や場所など様々な場面において、障害のない人と違った体験をしていることが分かります。さゆかは精神障害という障害をもっていますが、病院や仕事の場など、障害のない人には分からない様々な体験をしています。

さゆかの日常の体験や障害者権利条約をふまえながら、障害者差別解消法ができた背景は何か、この法律の目的＝障害を理由とする差別をなくすことでどのような社会を目指しているのか、そのために禁止している「不当な差別的取扱い」やしなければならない「合理的配慮」とは何かをひも解いていきましょう。

一　障害者差別解消法の概要

1　理解のための三つの文章

①障害者差別解消法：本則六章二六条、附則九条。国会で採択された法律

②基本方針：二〇一五年三月、内閣で閣議決定された行政文書。不当な差別的取扱いが何かなど、差別解消法の基本的な方向性など記した文書

③対応要領：行政機関等へのガイドライン。国や自治体、独立行政法人などが作成

対応指針：民間事業者へのガイドライン。事業別に担当省庁が作成

障害者差別解消法を理解するためには上記の三つの文章によって総合的に理解することが必要になります。③が障害者差別解消法を実際に運用する上で各分野のガイドラインになるもの、ガイドラインのガイドラインとも言えるのが②の基本方針で、これは法律の第二章で定めることとされているものです。この本ですべての詳細は書くことができませんが、一度ぜひ、政府の内閣府のホームページをご覧ください。「内閣府障害者差別解消法」とインターネットで検索すれば、これらすべてを見ることができます。

URLは　http://www8.cao.go.jp/shougai/suishin/sabekai.html　です。

2　障害者差別解消法の構造

障害者差別解消法は六章二六条（＋附則九条）の法律で、以下のような構造になっています。

●第一章　総則（一～五条）：目的、障害者や社会的障壁などの定義、合理的配慮の提供のための環境整備について定める章で法律の骨格となる章。

●第二章　基本方針（六条）：障害を理由とする差別（以下「障害者差別」という。）の解消に向けた、政府の施策の総合的かつ一体的な実施に関する基本的な考え方を示すもの。障害を理由とする差別の解消に関する方向性、不当な

差別的取扱いや合理的配慮の考え方をまとめたものを定めるように規定する章。基本方針自体は法律本文ではなく、二〇一五年三月に閣議決定された文書。

●第三章　差別解消措置（七～一三条）：不当な差別的取扱いの禁止と合理的配慮提供義務が誰にどのように義務付けされているか規定している章。

●第四章　差別解消支援措置（一四～二〇条）：国や自治体の相談体制の整備を義務付け、障害者差別解消地域支援協議会の設置などを定めた章。

●第五章　雑則（二一～二四条）

●第六章　罰則（二五～二六条）

●附則

二〇一六年四月施行の三年後の二〇一九年に見直しが予定されています。

3　法律の目的──「みんな違ってみんな一緒」のインクルーシブ社会（第一条）

障害者差別解消法第一条に書かれている目的はとても大切です。この法律がどのような社会づくりを目的としているかが書いてあるからです。

障害者差別解消法の目的は、障害を理由とした差別の解消を推進し、障害の有無によって分け隔てられることのない共生社会の実現です。「障害の有無で分け隔てられることのない共生社会」とはどのような社会でしょうか。それは、みんなが違いを尊重しながら一緒にいることができるインクルーシブ社会＝みんな違ってみんな一緒の社会であり、国連の障害者権利条約の目指す社会と同じです。本書の七二頁をご覧になるとイメージがわきます。

障害者差別解消法は差別した人を罰するための法律ではありません。

障害のある人は障害のない人と一緒にいる機会があまりありません。学校、生活する場所、働く場所などなど。しかしこれからは、基本的に障害のある人もない人も一緒に過ごしたり活動できたりする社会を目指すということです。このような社会を「インクルーシブ社会」といいます。

例えば、障害のない子どもは普通に小学校や中学校に入りますが、クラスにあまり障害のある子どもはいませんね。特別支援学校という別の学校や特別支援学級という別のクラスにいることが多いからです。日本では長い間、障害のある子どもは障害のない子どもと違う学校に行くことが法律で定められてきましたが、これからの時代は、障害のある子もない子も一緒に学び育つ時代にしましょう、ということです。

自分がどんな性格だろうと、どんなものが好きだろうと、どんなものが苦手だろうと、障害があろうとなかろうと、必要なときにはお互いに助け合いながらありのままの自分でいることができれば、みんなが「楽」になります。そして自由に自分の力を発揮できます。逆に、あの人は何か違うから、何かができないからと言って仲間外れにされたり、違う場所に行かされたりするのが当然になると、「仲間外れにされないかな」「みんなと同じじゃないとちょっと怖いな」「自分はできない」などと自分を無理やり変えたり、押し殺したり、卑下したり、逆に人を見下したりする人が多くなる恐れがあります。そういう社会は一人ひとりがもつそれぞれの個性や才能、能力を発揮できない弱い社会だ、という考えに、人類社会は辿り着いたのです。だから、障害者差別解消法は「みんな違ってみんな一緒」のインクルーシブ社会を目指すのです。

4　障害者とは／社会的障壁とは〜障害の社会モデル〜

障害者差別解消法では「障害者」を第二条の第一項に以下のように定義しています。

> 「身体障害、知的障害、精神障害（発達障害を含む。）その他の心身の機能の障害（以下「障害」と総称する。）がある者であつて、障害及び社会的障壁により継続的に日常生活又は社会生活に相当な制限を受ける状態にあるもの」

「障害」とは身体障害、知的障害、精神障害（発達障害を含む）、難病に起因する障害などすべての機能障害のことです。

「障害者」とは、「障害」をもっている人が、周りの環境や人々の偏見などの社会の環境（社会的障壁）によって、日常生活や社会生活上の活動が妨げられる人のことです。これは、社会の環境（社会的障壁）が障害のある人の活動を制限する原因になっている、と考える「障害の社会モデル」の考え方に基づきます。

障害者が日常生活や社会生活上の活動をしようとすると、障害のない人と比べてしばしば不利な状況に置かれます。車いすを利用する人が電車やバスなどの交通機関が使えず移動ができなかったり、知的障害のある人には行政文書が難しすぎてよくわからなかったり、聴覚の障害がある人が手話通訳や筆談などの支援が必要な場合でもなかなか使えず、障害のない人が参加したり楽しんでいる行事に参加できなかったり……。これを「社会的不利」と呼びます。

障害の社会モデルは障害者の社会的不利の原因を、個人の機能障害が原因ではなく、社会環境と機能障害が様々に作用し合ってできる、と考えます。ですので、障害者の不利な状況を変えるためには、個人の機能障害を治すのではなく、社会環境を変えることが必要だ、ということになります。障害者権利条約や障害者差別解消法をきちんと理解する上で一番大切な概念です。本書六一頁に整理してみましたので、ぜひご覧ください。

「社会的障壁」は以下のように定義されています(第二条 二)。

社会的障壁：障害がある者にとって日常生活又は社会生活を営む上で障壁となるような社会における事物、制度、慣行、観念その他一切のものをいう。

このように、社会的障壁(バリア)の範囲はとても広いものです。こうしたバリアが、障害のある人の日常生活や社会での活動を制限する、とされているのです。

二　二つの差別を禁止

障害者差別解消法は二種類の差別を禁止しており、一つ目は「不当な差別的取扱い」で、二つ目は「合理的配慮をしないこと」(法律上は「合理的配慮提供義務」)です。

1　不当な差別的取扱い

①不当な差別的取扱いの概念

正当な理由なく、障害を理由として、財・サービスや各種機会の提供を拒否すること。又は、提供に当たって場所・時間帯などを制限する、障害者でない者に対しては付さない条件を付けること。（基本方針）

障害者がお店に入って食事をしようとしたら、障害を理由に店への入店を拒否したり、障害者だからと入店する時間を一方的に決めたり、入店して食事をするのに介助者と一緒ならＯＫしたりという条件を付けることが差別になります。

一章一の「さゆかの日常」を見てください。障害のない人と同じようになかなかサービスが提供されない実態がありますが、さゆかさんの体験は差別になる可能性が高いのです。

②正当な理由

ここで注意が必要なのは「正当な理由」です。拒否や制限、条件付けが「正当な理由」があれば正当化される場合があります。基本方針ではそうした行為が「客観的に見て正当な目的の下に行われ、その目的に照らしてやむを得ないと言える場合、個別の事案ごとに、障害者、事業者、安全や財産の保全などの第三者の権利利益、具体的場面や状況に応じて総合的・客観的に判断することが必要」と書かれています。障害者の権利を制限するかどうかは大きな問題ですので、「正当な目的」は、個別の事案ごとに具体的場面や状況に応じて慎重に判断しなければなりません。

③差別的取扱いの事例

以下、政府各省庁から出された対応要領や対応指針の例を見てみましょう。

●拒否

・身体障害者補助犬の同伴を拒否すること（厚労省福祉サービス事業者向けガイドライン）
・障害を理由として商品の提供を拒否する（金融庁対応指針）
・宅事業者が、障害者に対して、「火災を起こす恐れがある」等の懸念を理由に、仲介を断る。（国交省対応指針（不動産関係））

●場所・時間帯などの制限

・正当な理由なく、本人の意思又はその家族等の意思（障害のある方の 意思を確認することが困難な場合に限る。）に反して、福祉サービス（施設への入所、通所、その他サービスなど）を行うこと（厚労省福祉サービス事業者向けガイドライン）
・障害があることのみをもって、乗車できる場所や時間帯を制限し～」（国交省対応指針）
・医療の提供に際して必要な情報提供を行わないこと（厚労省医療関係事業者向けガイドライン）

●障害のない人につけない条件をつけること

・学校への入学の出願の受理、受験、入学、授業等の受講や研究指導、実習等校外教育活動、入寮、式典参加を拒むことや、これらを拒まない代わりとして正当な理由のない条件を付すこと（文科省対応指針）
・試験等において合理的配慮の提供を受けたことを理由に、当該試験等の結果を学習評価の対象から除外したり、評価において差をつけたりすること（文科省対応指針）
・宅事業者が、障害者に対し、障害を理由とした誓約書の提出を求める（国交省対応指針）

「拒否」のところの国土交通省対応指針の事例を見るとわかりますが、個別・具体的にその人の状況などを考慮せず、抽象的に「障害者は～だからダメ」というのは差別になります。学校における付き添いの強要も差別になる可能性が高く、金融庁の拒否の事例は生命保険などの保険加入も障害のみを理由に拒否することは差別になるということです。「さゆかの生活11～自立編～」では、さゆかさんが障害を理由に保険の加入を拒否されていますが、差別にあたる、ということです。また、場所の制限に関して、本人や保護者の同意なしに障害を理由に障害のない子どもと違う学校に就学させようとするのも場所・時間帯の制限という差別行為になり得ます。

2　合理的配慮の不提供の禁止＝合理的配慮提供義務

①合理的配慮とは

合理的配慮とは、障害者が障害のない人と同じように活動できるようにするために行うルールや設備、施設などの変更や調整で、個人に特定の場合に行うものです。例外として、過重な負担（大きすぎる負担）が生じる場合には合理的配慮は提供しなくてもよい、とされています。ですので多くの人を対象にした中期的にバリアフリー施設を整備するということとは少し違います。合理的配慮とは機会の平等を保障するもので、合理的配慮の不提供（合理的配慮をしないこと）は差別にあたります。基本方針では障害者権利条約二条の定義を引用しています（基本方針四～五頁）。合理的配慮は機会の平等をきちんと保障するものであって、特別扱いではありません。

②過重な負担

「過重な負担」＝大きすぎる負担はどのように判断すべきなのでしょうか。基本方針では、過重な負担の判断は

●事務・事業への影響の程度、●実現可能性の程度、●費用・負担の程度、

●事務・事業規模、●財政・財務状況

を具体的場面や状況に応じて総合的・客観的に判断することが必要としています。ここも「正当な理由」と同じく、個別・具体的な検討を行うことなしに判断することは法の趣旨に反するとされています。

③合意形成

合理的配慮はどのように決められるでしょうか。合理的配慮を求める障害者や家族、支援者などと合理的配慮を求められた側は

⬇どうしたら障害者が特定の場面において同じ活動ができるようになるのか、過重な負担も考えながら前向きに話し合いをして（建設的対話で）

⬇双方が納得する落としどころを探して（必要かつ合理的な範囲で柔軟に）

⬇障害者が障害のない人と同じように活動することができるように変更や調整をすること（社会的障壁の除去を行うこと）

とされています。まず前向きの話し合い＝建設的対話が求められます。なので最初から「それはできない」「特別扱いできない」「前例がない」として合理的配慮を行わないことは法律の趣旨に反し、差別にあたります。

④合理的配慮の提供のための環境整備（第五条）

求められた合理的配慮がすぐにはできないことも、現実にはあります。そこで障害者差別解消法第五条では、行政機関や民間事業者に対して、不特定多数の障害者を主な対象として行われる事前的改善措置（いわゆるバリアフリー法に基づく公共施設や交通機関におけるバリアフリー化、障害者による円滑な情報の取得・利用・発信のための情報アクセシビリティの向上等）

については、個別の場面において、個々の障害者に対して行われる合理的配慮を的確に行うための環境の整備を行うことを促しています。技術開発なども合理的配慮の提供に大きな影響を与えるため、最新の動向を踏まえた取組みが求められます。環境整備は、ハード面だけでなく職員に対する研修等のソフト面も重要です。

⑤合理的配慮の例

●物理的環境への配慮の具体例

・車いす・歩行器利用者へのキャスター上げ等の補助、段差へ携帯スロープの設置。

・聴覚過敏の子供等のために保育室の机・椅子の脚に緩衝材を付けて雑音を軽減する、視覚情報の処理が苦手な子供等のために掲示物等の情報量を減らす。

・電光表示板、磁気誘導ループなどの補聴装置の設置、音声ガイドの設置等、配慮や工夫

●意思疎通の配慮の具体例

・筆談、要約筆記、読み上げ、手話、点字などを使うこと、分かりやすい説明をすること。

・聞くことで内容が理解できる説明・資料や、拡大コピー、拡大文字又は点字を用いた資料、模型や写真等の提供、見えにくさと聞こえにくさ両方がある場合に手のひらに文字を書く、知的障害に配慮して漢字にルビを振る、なじみのない外来語は避ける。

・抽象的な言葉ではなく、具体的な言葉を使う。

●ルール・慣行の柔軟な変更の具体例

・必要書類の代筆を行うこと。

・障害特性に応じた勤務時間の変更や調整

三　義務付けの対象と内容

1　義務付けの対象者

差別を禁止する義務を負う対象をこれも二つに分けています。「行政機関等」と「事業者」です。

行政機関等	国や自治体のほか、独立行政法人や国立大学法人、国立病院機構などの公的な機関
事業者	営利・非営利に関係なく事業を一定反復している事業者すべて。法人格の有無は関係なし

「行政機関等」に対しては、不当な差別的取扱いの禁止も、合理的配慮の提供も義務です。一方で「事業者」については、不当な差別的取扱いの禁止は義務ですが、合理的配慮の提供は努力義務となっています(第七～八条)。ただし、雇用分野では、障害者雇用促進法に基づき、事業者も合理的配慮の提供は義務になっています。しかし、いくら努力義務とはいえ、自ら合理的配慮を行おうとする自主的な努力が見られないなど、法律の趣旨にそぐわないと判断された場合には主管大臣が事業者に対して行政措置をとることもできます。さらに二〇一九年には法律改正が予定されており、民間事業者の合理的配慮の提供が義務化される議論が行われる予定です(附則七条)。

また、私人の集まりや家族などの私的な関係には障害者差別解消法は介入しないことになっています。ただし、障害者基本法第四条では、「何人も障害者に対して、障害を理由として差別することその他の権利利益を侵害する行為をしてはならない」とされており、差別が許されるものではないことは言うまでもありません。

2　基本方針の策定、対応要領・対応指針の策定

第六条では、基本方針を作ることとされています。これは法律本文に規定されておらず内閣の閣議で決定された文章ですが、障害者差別解消法の解釈のガイドラインともなる重要な文章です。ここに「不当な差別的取扱い」や「合理的配慮」とは何かなどがかかれています。基本方針は以下、内閣府のホームページをご覧下さい。

⬇http://www8.cao.go.jp/shougai/suishin/sabekai/kihonhoushin/honbun.html

また、各行政機関や事業ごとにガイドラインが作られています。行政機関等には「対応要領」、事業者向けには「対応指針」というものです。現在、内閣府、厚労、文科、国交、経産、農水、防衛などの各省庁や宮内庁を含め三八省庁、二〇事業分野で作成されており、以下、各々の詳細は内閣府のホームページをご参照ください。

⬇http://www8.cao.go.jp/shougai/suishin/sabekai/taioyoryo.html

これらについて、国は策定義務で自治体は努力義務です。また事業ごとに、例えば、私立の学校については文部科学省、福祉事業者に対しては厚生労働省、交通事業者に対しては国土交通省といった形で担当省庁が作成しています。

以上を整理したのが以下の表になります。

	行政機関等	事業者
不当な差別的取扱いの禁止	義務	義務

合理的配慮提供義務	義務	努力義務（雇用分野だけは障害者雇用促進法で義務化）
対応要領・対応指針（ガイドライン）の作成について	国や独立行政法人は対応要領の作成義務。自治体は努力義務	分野別に担当省庁・機関が対応指針を作成

四　相談体制、障害者差別解消支援地域協議会など（第一四〜二十条）

障害者差別解消法の今後の課題の一つが相談体制などの紛争解決の仕組みをどう強化するのか、です。政府は、新たな紛争解決機関は作らず、今ある地方公共団体の担当部局、保健所、教育委員会、法務局・地方法務局、などを利用することとしています。

まず、行政機関などについては、その行政機関が定める相談窓口や自治体の窓口相談することになります。民間事業者の事案の場合は主に自治体の相談窓口、場合によっては所管省庁の相談窓口に相談することになります。わからないときは自治体の窓口に相談してみてください。

相談のたらい廻しを防ぐためもあり、第十七条では自治体が「障害者差別解消支援地域協議会」（以下、協議会）を設置できるとされています。ＮＰＯ法人や国の機関、学識経験者なども入ることができるとされています。皆さんの都道府県や市などにあるかチェックしてみましょう。

五　まとめ〜インクルーシブ社会の実現に向けて〜

以上、障害者差別解消法の内容と差別とは何か、合理的配慮とは何かを見てきました。では、障害者への差別を解消し、障害のあるなしで分け隔てられないインクルーシブ社会を実現するために、今後障害者差別解消法に求められる課題を見てみたいと思います。

●障害を理由とする差別の定義を規定すること

基本方針で障害を理由とする不当な差別的取扱いの概念は書かれています。これも大変重要ですが、法律の本文に差別の定義が必要です。それは、障害者権利条約第二条の「障害に基づく差別の定義」の「障害に基づく差別とは障害に基づくあらゆる区別、排除、又は制限であって〜(以下、省略)」を踏まえたものでなければなりません。

●就労や教育などの個別分野における差別禁止、合理的配慮規定を行うこと

教育分野、サービス提供分野など、個別の分野において特有の差別や合理的配慮を規定する必要があります。例えば、教育分野であれば通学時の合理的配慮などがあります。実際に関係する人がしてはいけないこと、しなければならないことを判断できるための物差しにするためです。市民に分かりやすいという観点からも必要です。

●民間事業者の合理的配慮提供が努力義務であること

今は合理的配慮義務が民間事業者には努力義務であり、合理的配慮を提供しなくても基本的には法律違反にはなりません。附則七条で施行後三年後の二〇一九年の法改正が規定され、そこでは民間事業者に合理的配慮を義務付けする方向性の文書が書かれています。民間事業者も一緒にインクルーシブ社会をつくっていくことが求められるでしょう。

●紛争解決の仕組みが十分でないこと

ここが一番の課題です。「国は行政機関の肥大化などを防ぐため、新たな紛争解決機関は当面作らない」という国の方針のため、既存の相談窓口を使うことになっています。相談体制は自治体が窓口となります。また事業別に各省庁が対応指針を作成しているため、どこに相談していいのかがはっきりしないことが多いです。そして、相談をしたとしても分野別の相談窓口が並立しているのでたらい廻しにされる恐れがあります。それらを防ぐために障害者差別解消支援地域協議会(以下、協議会)を設置することができるとされ、都道府県や政令指定都市では設置が進んでいます。しかし、機能としては差別を受けたものへの救済という点からは力不足です。まずは協議会を設置し、法律に定めた以上の機能をもたせること(地域の条例などで)が求められます。中期的には差別解消のため立法府、行政府、司法府から独立した国全体をカバーする人権救済機関の設置が必要でしょう。

以上、課題を整理してみました。「さゆかの日常」は今現在の障害者の日常です。もしさゆかが読者の方ご自分だったらどうでしょう。無関心、偏見、差別……。障害者への差別をなくすことはすべての人が過ごしやすい地域・学校、職場に変えることです。障害者差別解消法が目指す障害があってもなくても尊重し合いながら一緒に暮らせる社会＝インクルーシブ社会の実現には課題もたくさんありますが、共に一歩一歩進んでいきましょう。

第Ⅱ部

障害者差別のリアルとグッドプラクティス

第Ⅱ部では、ＤＰＩ日本会議が収集・分析した差別事例・好事例の紹介と、海外の事例、先駆的な取り組みをしている兵庫県明石市からの報告、そして一般企業での障害者雇用についてなどを見てみましょう。きっと「リアル」が見えてくるはずです。

一　プロジェクトで集めた事例分析・事例紹介

笠柳大輔（かさやなぎだいすけ）
（DPI日本会議　事務局員）

一　三年間で集まった事例と分析結果

冒頭の「本書のねらい」で説明しましたように、「障害者差別解消NGOガイドライン作成プロジェクト」を、二〇一四年度から三年間実施し、約一千件の事例が集まりました。ここで集まった事例をプロジェクトメンバーが一つひとつ確認し、分析作業を行った結果をご紹介します。

まず、集まった事例を、以下の一二に分類し（図1）、発生時期（図2）、発生場所・目的別（図3）でも分類集計しました。

1. 直接差別：機能障害そのものを理由に区別、排除、制限されること
2. 間接差別：中立的な基準や規則を障害者に一方的に当てはめることで、結果的に障害者が不利になること
3. 関連差別：機能障害に関連するものを理由に、区別、排除、制限されること
4. 合理的配慮の欠如：障害者が障害のない人と同等の活動ができるようにする為の人的、物的配慮や調整をしないこと
5. 法律には該当しないが差別：差別解消法や雇用促進法では扱われないが、障害を理由とする差別的行為だと

考えられること
6. 施策で行うべき事例：啓発などで改善が必要だと思われる事例
7. ハラスメント：侮蔑や嫌がらせなど
8. 虐待：著しく尊厳を傷つける行為。身体・心理・性的虐待、放置、経済的搾取
9. 好事例：合理的配慮の好事例
10. 対応事例：改善の余地はあるが、合理的配慮を行っている事例
11. 不明：詳細がわからなかったもの
12. 非該当

図１ 事例分類結果（複数該当含む）

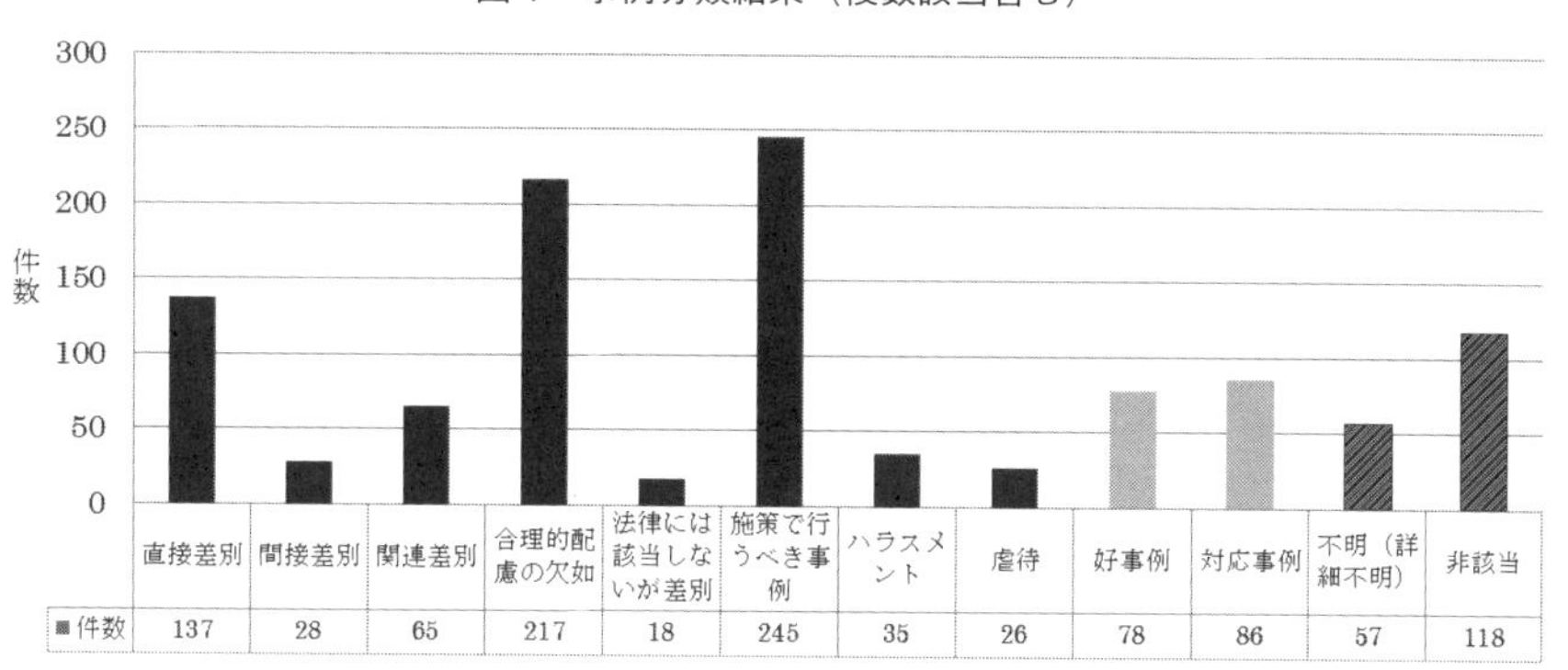

図２ 事例発生時期

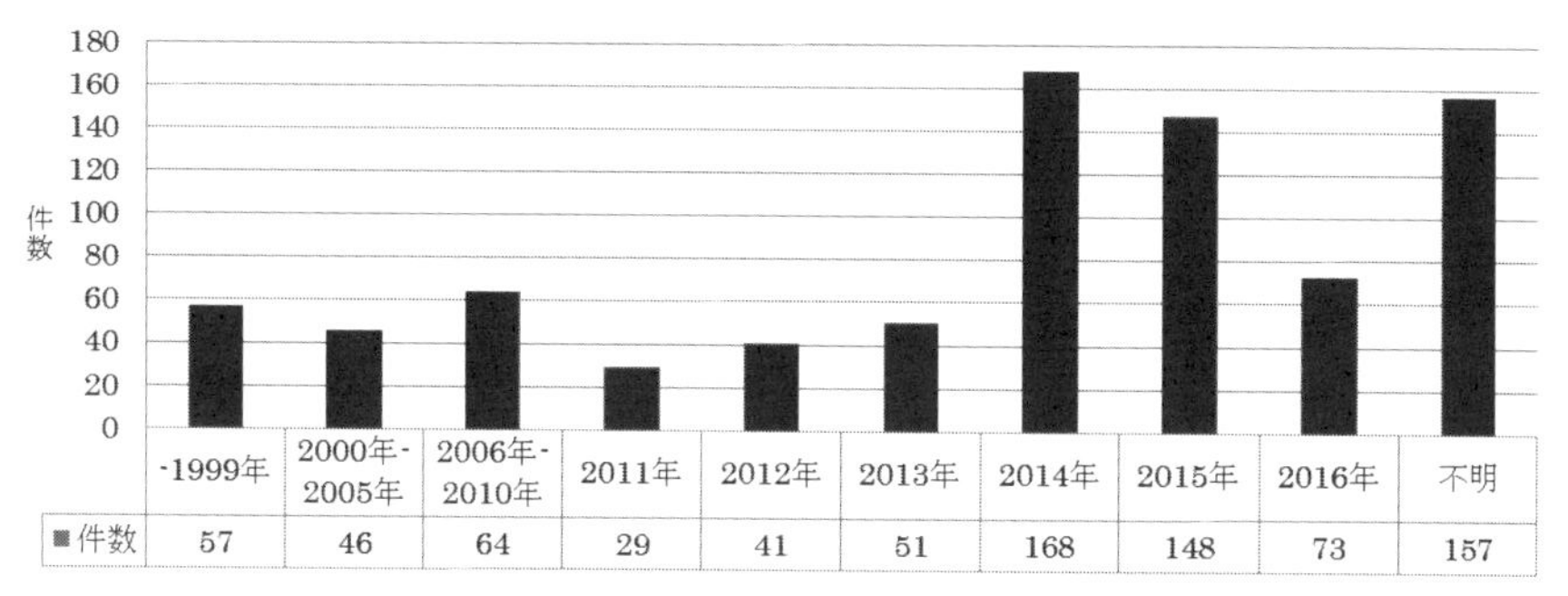

図３　事例発生　場所・目的別

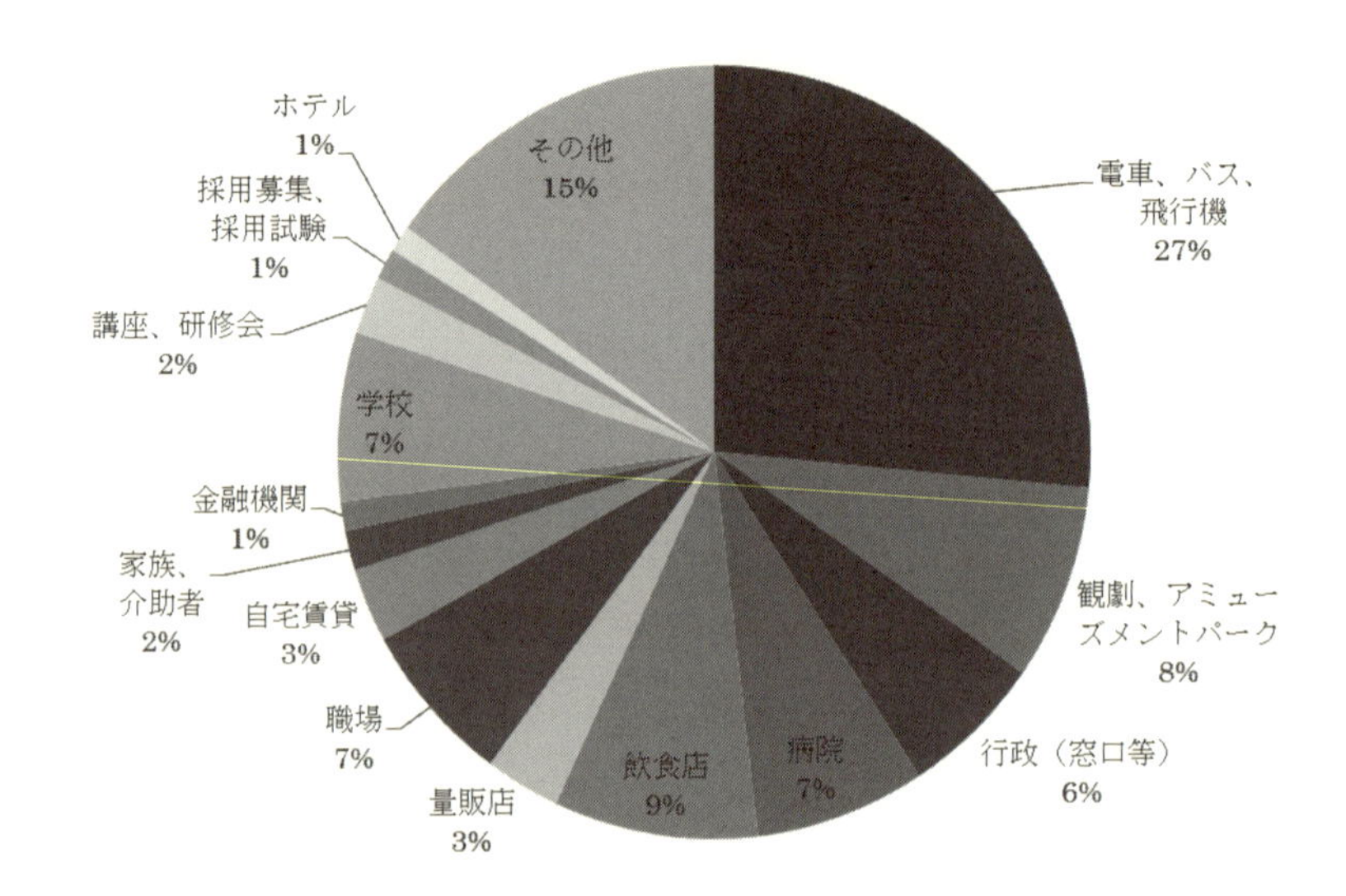

電車、バス、飛行機	飲食店	観劇、アミューズメントパーク	病院	学校	職場	行政（窓口等）	量販店	自宅賃貸	講座、研修会	家族、介助者	金融機関	採用募集、採用試験	ホテル	その他
222件	73件	68件	61件	59件	57件	51件	27件	26件	20件	14件	10件	11件	9件	126件
27%	9%	8%	7%	7%	7%	6%	3%	3%	2%	2%	1%	1%	1%	15%

事例収集を行った「障害者差別解消NGOガイドライン作成プロジェクト」については、左記をご覧下さい。

▽プロジェクト詳細はこちら（DPIホームページ）
http://dpi-japan.org/activity/advocacy/ngo-guideline-project/
▽一年目（二〇一四年度）の事例分析資料はこちら（PDF）
http://dpi-japan.org/wp-content/uploads/2017/03/2014_jireibunseki.pdf
▽二年目（二〇一五年度）の事例分析資料はこちら（PDF）
http://dpi-japan.org/wp-content/uploads/2017/03/2015_jireibunseki.pdf
▽三年目（二〇一六年度）の事例分析資料はこちら（PDF）
http://dpi-japan.org/wp-content/uploads/2017/03/2016_jireibunseki.pdf

二　具体的事例から

1　差別事例

拘置所　二〇一一年　聴覚障害

拘置所で、ろう者の収容人と、ろう者の面会人が手話で会話することを禁止され、筆談のみが許可された。抗議し、かつマスコミにも取り上げられたため、行政指導も入り、改善された。ただし、他の収容施設では現在も「制限」されている。また、職員自身の通訳（通訳としての訓練は受けていない）のため、「声も出せ」とか、「もう一度繰り返して」とか頻繁に求められる。手話での自由な面会になっていない。
分析結果：直接差別、合理的配慮の欠如、施策で行うべき事例
対応省庁：法務省
ＤＰＩからコメント：自由権（言語）の侵害

会社　二〇一四年　てんかん
てんかんの病状が一時悪化したため、営業から内勤へ異動した。それを機に、自動車運転ができないとの理由より、総合職の能力が認められないとの判断が人事部より下され、雇用契約書の見直しが行われ、給料の年次降格への契約を交わすこととなった。
社会保険労務士が社内に在籍して組織的・合理的に対処され、また労働組合も本件に関しては一切相談にのってくれなかったため、全て受動的に事が進む結果となった。
分析結果：直接差別の可能性
対応省庁：厚生労働省

高速バス　二〇一三年　身体障害（簡易電動車いす利用）
鹿児島から大分まで夜行高速バスを予約し、簡易電動車いすを載せてほしいとお願いしたところ、車いすはダメだと乗車拒否された。その後、〇〇運輸局に指導に入ってもらい「一人で車いすと荷物を積んで、自力で乗れるなら乗っても良い」ということになったようだが、椅子と、荷物を自分で積み込み、一人で乗れるなら乗ってもいいなんて、乗るなと言ってるのと変わらない。
分析結果：直接差別、間接差別、合理的配慮の欠如

対応省庁：国土交通省
ＤＰＩからコメント：運輸局への指導が必要

病院でのリハビリ　身体障害
　いつもリハビリを受けている病院で、リハビリ前の健康チェックをしている医者が「今日の体調はどうか？」ということをヘルパーに向かって聞く。本人とのコミュニケーションをとらない。担当の作業療法士さんに相談し、病院側にも伝えてもらった。
分析結果：施策で行うべき事例（啓発、合理的配慮の環境整備など）
対応省庁：厚生労働省
ＤＰＩからコメント：不当な差別的取扱い

作業所　重複障害（肢体、難病、言語）
　作業所内の中から使用期限の切れた常備薬（二〇一一年のものや二〇一三年のもの）が出てくるありさま。大脳の病気をもった女性に「バカ女」や「二〜三歳の知能である」などの差別的発言を超える内容の暴言がある。室内は消毒が一切ない状況（概念がない）。「障害者を守る」という視点が全くない。障害者を人間としてではなく、「モノ」として見ているように感じる。
分析結果：ハラスメント、虐待
対応省庁：厚生労働省

銀行　二〇一六年　身体障害

金銭の出し入れ、送金、振込等にATMを使うが車イス利用者には使いづらい。ATMの画面と高さが見づらく、お金のことなので他人に頼みづらい。
分析結果：合理的配慮の欠如
対応省庁：金融庁

路上　二〇一六年　身体障害
歩道で人とすれ違ったときに歩道が狭かったため、通行人とぶつかりそうになった。その時、その通行人から「車いすがこんなところを通るんじゃない」と言われた。
分析結果：法律には該当しないが差別、ハラスメント
対応省庁：なし

映画館　二〇一四年　身体障害
ネットで車いす席が購入できない。映画館の自動券売機でも買うことができない場所もある。ネットでは一般席は買えるが窓口まで行かないと車いす席は買えない。
分析結果：関連差別、施策で行うべき事例（啓発、合理的配慮の環境整備など）
対応省庁：経済産業省

飲食店　二〇一五年　身体障害
お店に入ろうとしたら「車いすの人は全員断っている」と言われた。店内は誰もおらず、狭いけれどカウンター席なら十分に入れるスペースがあった。理由は車いすの人でもサイズ的に入れないこともあるため、全ての車い

すユーザーを断っているとのこと。結果的に入ることはできたが、お客が増えてきたら席を譲って下さいと言われた。

理由があまりにも理不尽なため、サイズ的に入れなければどうしようもないですよね？　でも、入れるのに断るのはおかしいですよね？　入れるか入れないかですよね？　などと抗議をしたところ入ることができた。

分析結果：直接差別、関連差別

対応省庁：厚生労働省、農林水産省

飲食店　二〇一三年　重複障害（身体、知的）

身体と知的の重度障害の方と飲食店に入った際、時間的なこともあり店内が混んでいた。店の中には案内してもらえたが、厨房への通り道に近い場所だった。本人の隣に座り、食事介助をする必要があったため、介助者は隣に座ったが、店員から「通路が狭くなるのでやめてほしい」といった旨の言葉をかけられ、その場で本人の必要性を説明したり、可能な限り、車いすや介助者のいすを寄せ通路を確保したが、理解してもらえなかった。「邪魔だから出て行けか？」と店員に質問をすると「そうだ」と返答があり、憤慨して店を後にした。

分析結果：関連差別、合理的配慮の欠如

対応省庁：厚生労働省、農林水産省

ラーメン屋　二〇一五年　身体障害

介助者と共にラーメン屋に入ろうとしたところ、二人とも食べるのかと聞かれ、介助者は食べたくないとのことだったので私だけと答えた。介助者であるということで、介助中は食事をとらないと伝えた。結果、店が混んでいるので介助者を外で待たせ、空いたら中に入り、食事介助をしてもらった。二度目に行ったとき、「今日は食

べてくれますか」と言われた。介助者の仕事について、全く理解されていないと感じた。
分析結果：施策で行うべき事例、合理的配慮の欠如（可能性）
対応省庁：経済産業省等

職場　二〇一五年　発達障害

不安になって何度も誰かに仕事について聞いているうちに、「聞いているだけでも時間をとられているんだ！」「メモをとれ！」「メモをとったら見せろ！」など言われた。「わかって当たり前」という態度をとられた。その後、状況は変わっていない。
分析結果：合理的配慮の欠如、施策で行うべき事例（啓発、合理的配慮の環境整備など）
対応省庁：厚生労働省

高校の説明会　二〇一五年　聴覚障害

高校入試を控え、私学フェアに行ったときのこと。三～五校の私学高校ブースへ行き、聴覚障害があるが受験し、合格後入学することは可能かと尋ねた。聴覚障害があっても自力で情報がとれ、学校側の支援が一切ないという前提で入学するのは可能だが、学校側からの情報保障や支援はない。そのことを承知して考えてくれと言われた。学力以前に聴覚障害があるというだけで、断られた。
分析結果：直接差別、合理的配慮の欠如
対応省庁：文部科学省

自宅賃貸　二〇一四年　精神障害

契約の段階にまで至っていた物件が、統合失調症であることを理由に、「暴れたり騒ぐから」と言われ、契約破棄された。仲介業者が病名を相手に告げていた。他の物件を探しているときも「この物件は無理、ダメ」と言われ、あまり紹介してもらえなかった。「障害者に理解のある業者」を紹介してもらったが、納得できていない。私は暴れたり騒いだりしない。格段に居住のレベルが低い物件しか紹介してもらっていない。

分析結果：直接差別

対応省庁：国土交通省

自宅賃貸　二〇一五年　身体障害

入居希望の物件があり、写真で確認したところ、エントランスに数センチの段差があった。大家さんに自分で用意したスロープを置かせてほしいと尋ねたら、「他の入居者の邪魔になるから」と断られた。取り外し可能で幅も取らないものを用意しようとしたが、「部屋の中や玄関の中なら良いが、共有部分には絶対に置かないで」と言われ、入居を諦めた。

分析結果：合理的配慮の欠如、施策で行うべき事例

対応省庁：国土交通省

特別支援学校　二〇一五年　重複障害（肢体、視覚、知的、発達）

小学五年生の息子の宿泊体験学習（修学旅行の練習のようなもの）の付き添いについて。長い間、宿泊体験学習時の夜間には、学校看護師の配置がなく、医療的ケアの必要な児童には、母親が付き添うか、親の代わりに私的に雇った看護師を付き添いに付けていた。看護師は保護者会でお金を工面して雇ったり、見かねた訪問看護師がボランティアで付いてくれたりしていた。

今年は、教育委員会が泊まりの看護師を医療的ケアのある児童のために配置してくれた。初対面の単発看護師なので事前に昼間打ち合わせをするなど、周到に準備も行われた。医療的ケアへの体制が整ったことから、親の付き添いは不要だと思っていたら、参加者は全員保護者の付き添いが必要ということだった。

今までは、夜間の医療的ケアがなんともならないので、保護者が付き添っていると思っていたけれども、実は、医療的ケアができる・できないにかかわらず、「学則だから、すべての参加者の保護者が宿泊に付き添うように」ということだった。その結果、外部から夜間の看護師を配置したにもかかわらず、参加できたのは、該当学年の五名中一名のみだった。

きょうだいがいる家庭は、一緒に泊まってもいいと言っていたが、きょうだいも次の日には自分の学校へ行く必要があるのに非現実的な対応策である。うちは父親が単身赴任で、祖父母は皆一〇〇〇km以上離れた遠隔地なので、何も頼むことはできない。きょうだいに普通に学校に歩いて行ってもらうには、小三と小一の二人で自宅で一晩過ごしてもらうしかない。

携帯電話も、自家用車も普及しているなかで、もし、緊急事態になっても、連絡もつけば、駆けつけることもできるのに、ただただ「学則で付き添いが必要」と決めてあるという理由で、人手が足りないという状況でもないのに親が付き添えないなら参加させないというのは理不尽。

分析結果：間接差別、合理的配慮の欠如、差別解消法上の「不当な差別的取扱い」(条件付け)に当たる可能性

対応省庁：文部科学省

銀行　二〇一五年　視覚障害

事業所(NPO法人)が地方都市銀行と賃借契約を行う際、事業所の代表者が視覚障害であり、墨字の署名ができないため、家族や理事による代筆を求められた(本人の意向とは異なる)。また、契約書内容の情報提供についてデー

タか点字を希望したが断られ、読み上げのみ対応可能との回答を得た。抗議をしたが、状況は変わっていない。

分析結果：合理的配慮の欠如、施策で行うべき事例、差別解消法上の「不当な差別的取扱い」(制限)に当たる可能性

対応省庁：国土交通省

介助者　二〇一四年　身体障害

私は過活動性膀胱炎という病気をもっていて、就寝中にトイレに行きたくなることがある。その日も就寝中にトイレに行きたくなり介助者にお願いしたところ「子どもじゃないんだから、水分調節して就寝中にトイレ行かないようにしてよ」と言われた。病気で頻尿になっているので調節のしようがないのに、それをやれと言うのはおかしい。

また食事も水分補給も自分でできていたが、疲れてしまうと食欲が落ちてしまう。介助者はできることは自分でやること、できないことだけ介助を頼むように言ってきた。味噌汁は飲ませてもらおうとしたら、ストローで飲んでくださいと言われる。またグラスの水も飲ませてもらおうとしたら、自分でなるべく飲んでくださいと言われる。つまり、自分でテーブルの上にあるコップを手を伸ばしてストローを口元までに持っていき、飲むまでをさせようとする。上記、事業所を通して改善を要求したところそのような発言はしなくなった。

分析結果：非該当

対応省庁：なし

2　好事例

スーパー　二〇一六年　身体障害

昨年、近くに大型スーパーができた。開店の時から支店長に、私はヘルパーと買い物に行くが、レジではヘルパーに視線を向けるのではなく、買いに行く私に店員さんがきちんと客として、対応して頂きますように指導をお願いした。

しかし、私がお金とお店のカードを持ち、ヘルパーさんとレジに行くと、店員さんの視線はヘルパーさんに向かっていることが、たびたびあった。店長は朝礼では、車いすのお客さんのほうを向いて接客するようにという指導はしているが、人の入れ替わりがあり、きちんと指導できない状況とのことだった。そういうやり取りが、何回か続いたため、店長に話した後、堺市の差別解消法の担当の人に話した。店長と堺市の担当の方に電話で何度か話し合って頂いた。店長は、レジの人がキチンと私と接客するように、お釣りとレシートを小さなビニール袋に入れて、私に渡すことを徹底したいと言われた。そのやり方に変わってから、レジの人は、キチンと私のほうを見て接客して頂くようになった。

他に、八カ所ほどあるレジとレジの間隔が狭く、車いすで入るとぶつかることが多いので、一カ所レジのスペースを広くするように店長にお願いし、レジとレジの間を少し幅を広くして頂いた。合理的配慮をして頂けたと思っている。

津志田郵便局　二〇一五年　身体障害

香典を郵便で送るため現金書留封筒を買いに一人で行ったとき、窓口の方が、字を書いて下さり、封筒に香典を入れて、封をして下さった。印鑑も押して下さった。一つひとつ確認しながら丁寧に、手伝って下さった。助かりました。

TAYA立川グランデュオ店　二〇一五年　身体障害

車椅子に乗ったままでヘアカットとパーマをしたいと伝えたところ、椅子を片づけて車椅子が入れるスペースをつくってくれた。また、雑誌を読みやすいように膝にクッションを置いてくれたり、雑誌を取りやすい場所に移動式の小さな台を用意してくれた。

小学校　二〇一二年　知的障害

私の息子は重度の知的障害がある。地元の小学校の普通学級に通っている。小学校四年で運動会の練習が始まったところ、子どもたちは、学級リレーなどで強く「勝負」にこだわるようになってきた。いざ練習が始まると、息子がリレーのルールを全く把握していない、座り込んで走ろうともしない、バトンを投げてしまう等々、まともな練習ができないことに、クラスの子どもたちの中であせりと怒りが出はじめていた。このままではいけないと、担任の先生と息子の支援員の方の機転で、学級の子どもたちに話し合うことを提案した。先生は、「A(息子の名)をチームから外してでも一位を目指すチームにしたいのか、Aをチームから外さずビリになるかもしれないけど、やるだけやるチームを作り上げるのか、自分たちで決めてほしい。責任は先生が取る。もし仮にAをチームから外すということが結論で出たならば、先生がAのご両親に頭を下げにいく。だから君たちは、自分たちの考え、思いを出し合って、自分たちで自分たちの学級リレーをどうしたいのか、考えて決めてください」と言ったそう。

子どもたちは何度も話し合いの場を持ち、みんな、「う〜ん……」となっていたときにある子どもが、「Aの気持ちはAが言葉を話してくれないからわからないけどさ、オレたちはどうなの？　Aをチームから外して一位になってうれしい？」。この子の言葉がきっかけになって、子どもたちは息子をチームから外さず、でも一位は目指そうということになり、本番で息子が走る場所を、コーナーではなく直線の場所にしたり、息子の前後に足の速い子を組んだり、息子がバトンを投げたらすぐ取りに行く担当を決めたり、座り込んだらおぶって走ろう等、子どもたちなりの「合理的配慮」を生み出してくれた。運動会当日、子どもたちは六チーム中、みごと二位を勝ち取った。息子は、バトンを投げることもなく、友達がおぶって走ることもなく、ちゃんとバトンを受け取って走っていた。

先生は「あの時、答えや方法を大人の側から提示するのはどうなんだろう、って葛藤があった。どの子にとっても運動会って、年に一度の楽しみにしている大事なイベントだし、だからこそ、自分たちのリレーに向き合ってほしかった。子どもたちは、大人の押し付けではなく、自分たちでAと一緒にいるということを決めた。でも一位になりたいという本来の自分たちの夢もあきらめなかった。結果は二位だったけど、本当に見事だと思う。育ち合っているよね、子どもたち。Aがいて、みんながいて、だからあの時大きな育ちがあったと思っている」と、先生は思い出し泣きをしながら話してくれた。

毎年保護者、学校、福祉で関わっている人たちと支援者会議を開き、なぜ地域の学校に通わせたいのかという、親の想いを聞いてもらうことから始めている。まず、大人が関わり合う力をもっているのか、ということを考えさせられる。支援者会議でそういったことも共有しながら、連携という形をつくっていきたいと思っている。大人が連携しようとする姿勢をもって関わっていれば、その輪の中にいる子どもたちは、たとえ問題が発生しても、「排除する」ではなく、それが合理的配慮を考えるきっかけになると思っている。だから、やはり同じ場にいなければ、何も見えてこないと思う。

コラム1　障害の社会モデル

崔　栄繁

「障害の社会モデル」という概念は障害者権利条約や障害者差別解消法を理解する上で欠かせない概念です。障害の社会モデルに対し「障害の医学モデル」という別の考え方があります。簡単に整理すると以下のようになります。

	医学モデル（個人モデル）	社会モデル
社会参加の不利の原因	個人の機能障害	社会的障壁（環境）による排除（バリアと障害との相互作用）
「障害」の評価	なくすべきもの克服すべきもの	属性、多様性
「障害」への対策	予防、保護	平等な社会環境づくり、差別禁止
障害者問題とは	狭義の福祉の問題	人権問題

この二つの考え方の違いは、障害者の日常生活や社会生活において何かを行うとき、障害のない人と比べてみると様々な形で不利になります。この不利の原因の捉え方の違いです。車いすを利用する人が電車やバスなどの交通機関が使えず移動ができなかったり、知的障害のある人には行政文書が難しすぎてよくわからなかったり、聴覚の障害がある人が手話通訳や筆談などの支援が必要な場合でもなかなか使えず、障害のない人が参加したり楽しんでいる行事に参加できなかったり……。

障害の医学モデルは個人の機能上の障害が原因だと考えます。それに対して障害の社会モデルは社会環境（社会的障壁）と機能障害が様々に作用し合うのが原因、と考えます。社会的に少数である障害者を抜きにして障害のない人たちが社会をつくってきた結果、障害者は社会から取り残されたということです。

ですので、社会モデルの考え方からすると、障害者の不利な状況を変えるためには、個人の機能障害に着目するのではなく、すべての人が使える交通機関にしたり、誰でもわかりやすい文章にしたりと、社会の環境を変えることが必要だということになります。

二 申し立て運動の成果①

聴覚障害者、クレジットカードを申し込む

臼井久実子
（DPI女性障害者ネットワーク 役員・障害者欠格条項をなくす会 事務局長）

はじめに

私は音声で言葉を聞き取れない状況の聴覚障害があります。そのため電話は使っていませんが、メールやSNSが普及した今でも、電話が全てという壁にぶつかることがよくあります。

二〇一六年十月十一日、ライフカード株式会社（以下、ライフカード）のウェブサイトから個人用クレジットカード発行を申し込みました。申込み完了画面に本人確認の電話をかけることがあると表示されました。電話がかかってきても応答できないので、自分の加入している電話リレーサービスモデルプロジェクト（後述）を利用して、ウェブ申込みの翌日に会社の窓口に連絡しました。「聴覚障害があり音声の電話には対応できないため、電話リレーサービスによるこの連絡を代替手段とすることを要望する」と伝えました。窓口の人は「一般論だが電話に応答できない人は難しい。これから審査する」の繰り返しでした。

十月十七日、「申込みの本人確認電話で連絡がとれない。窓口に電話しなければ申込みは無効になる」という趣旨のメールが送られてきました。音声電話には応答できないことを伝えてあったにもかかわらずです。同日、指定された窓口に電話リレーサービスでこの経緯を伝えると、責任者が電話口に出てきました。「お客様は全くお話しができない方ということでしょうか？」と、この時にも問われました。声で話している聴覚障害者の場合も、相手の電話の声を聞き取れなければ会話は無理です。そのため電話リレーサービスを使っていること、本人確認の上で利用できているサービスであることを説明、最終審査

結果は手紙かメールで伝えるとの応対でした。十月十九日に審査に通らなかったというメールが届きました。

電話リレーサービスとは

電話リレーサービスとは、手話や文字を使う聴覚言語障害者と、音声を使う聴覚言語障害のない人とを、サービスセンターにいる通訳オペレーターが通訳することによって、電話でリアルタイム双方向につなぐサービスです。公的制度化を目指す日本財団のモデルプロジェクト（以下、モデルプロジェクト）は、熊本震災では被災者の相談にも活用されました。

電話リレーサービスの利用方法は一様ではなく、私の場合はスカイプで文字入力し、オペレーターが文字を読み上げて電話相手に伝え、電話相手の言葉をオペレーターが入力し、スカイプに文字表示されるという方法で電話のやりとりをしています。

ライフカードとのその後の連絡経過

二〇一六年十月から二〇一七年三月末にかけて、ライフカードお客様相談センター責任者との間で、書面による二往復の連絡をしました。障害者差別解消法、金融庁の対応指針も示して、音声で電話に応答できるかにこだわる姿勢は障害者差別にあたると抗議しました。同時に、音声で話せることを審査基準にしないこと、聴覚言語障害のある人に連絡窓口や連絡方法に関する合理的配慮を提供すること、かつ、提供していることをウェブサイト等に明記することを求めました。

ライフカードは抗議については謝罪しましたが、それは「日頃の指導・教育不足」故で窓口の個別的な不適切な対応だったとする姿勢を示しました。全従業員の教育に努めているところであり、柔軟な応対が行える態勢の整備を図っていくが、以後の合理的配慮の提供については検討中でウェブサイト等に掲載できない旨の回答でした。

順を追って問題を整理する

一、ライフカードの連絡先として電話番号のみが公開されていること会社として電話リレーサービスやメール、FAXによる連絡窓口、連絡方法を設けていません。これは、聴覚言語障害者本人が電話リレーサービスに加入していない場合、聴覚障害のない人に電話かけを依頼するしかないということになります。カードの紛失・盗難といった緊急時に迅速に対応できず著しい不利益があります。もし誰かに電話を依頼できたとしても、本人のプライバシー保護上の課題があります。

二、音声電話による本人確認及び、声で話せるかどうかに固執したこと

明らかに聴覚言語障害者の排除につながる姿勢で、電話で本人確認という慣習に囚われていると言わざるをえません。電話で本当に本人と確認できるかも疑わしいですが、この慣習の底には、音声でコミュニケーションできない障害のある人は社会的契約の主体として認めないという障害者観が透けて見えます。

実際に、一九七九年改正以前の民法十一条に、聾者、唖者、盲者に対する準禁治産制度がありました。準禁治産者と宣告された人は法律の定める重要な財産上の行為について保佐人の同意が必要となり、銀行からの借り入れや家業の相続や財産分与ができないことがあるなど甚大な不利益を被っており、障害者団体の長年の運動で法改正が実現しました。準禁治産制度当時からの障害者観が、金融や貸金の事業者に今も根深いとしても不思議ではありません。長年影響を及ぼしてきた法律であればあるほど改正後も広報や研修の継続が不可欠です。

三、事業者としての取り組む姿勢が今なお公示されていないこと

聴覚言語障害者に向けて連絡先や連絡方法の案内を設ける行動が伴わなければ、謝罪も社内で取り組んでいるという説明も口先にとどまってしまうことを懸念し、ライフカードの対応を見守ってきました。

金融庁・経産省に連絡と要望　ここでも電話の壁

銀行業やローンは金融庁、クレジットカード発行は経済産業省と担当が分かれています。金融機関の課題が大きいことをふまえ、二〇一七年九月にかけて、両省の相談窓口に、障害者差別解消法対応指針に次の二点を加えることを提言しました。

一、管轄下の事業者に向けて、音声コミュニケーションができることを審査等の基準とすることは、障害者差別となることを示す。

二、聴覚言語障害のある消費者向けの連絡窓口として、電話リレーサービスやメール、ＦＡＸによる連絡窓口、連絡方法を設けることを強く推奨する。

同時に、ライフカードが基本的な考え方から見直し、連絡窓口や連絡方法のあり方を改め、合理的配慮の提供姿勢を明示するように、経済産業省からの直接指導を求めました。この過程で、両省の相談窓口の案内に「回答は全て電話で行います」等の記載がありました。聴覚言語障害者の場合はＦＡＸやメール等で回答すること、かつ、そのことを明示すること、電話で回答する場合は「モデルプロジェクト」等と連携することを求めました。各省庁においても障害者差別解消法対応要領の「相談体制の整備」が徹底される必要があります。

聴覚言語障害者と金融機関の対応と課題

聴覚障害者の金融機関利用について、音声電話できないので店舗窓口まで出向いた人が六九・四％、利用を諦めたことがある人が七四・八％という調査があります。(注)ほとんどの金融機関は店舗窓口では筆談可としていますが、連絡をＦＡＸやメール等でとれるのは一七・五％です。連絡しようにもできない現状と電話リレーサービスの潜在的なニーズが浮かび上がってきます。モデルプロジェクトとの提携は、銀行、カード会社、官公庁や自治体にも拡大しています。電話リレーサービスは、加齢に伴い電話を使いにくくなる人も多いなか、二四時間誰でもどこでも使える公共通信サービスとして各国で実施されていますが、日本はまだ制度がなく社会的認知も遅れています。モデルプロジェクトの蓄積を活かし、ニーズに対応できるように、障害者差別解消法第五条（社会的障壁の除去の実施についての必要かつ合理的な配慮に関する環境の整備）に基づく制度化を、ぜひ、各方面から進めましょう。

注　水野映子「電話連絡が困難な聴覚障害者へのサービス向上のために」『*LifeDesign REPORT*』二〇一三年十月、第一生命経済研究所

二　申し立て運動の成果②

障害者差別解消法のパワーを知ったできごと

（シラキュース大学Burton Blatt Institute 訪問研究員）
徐（すー） みづき

日常生活で車イスを使っていることにより、様々なシーンで制限をされたり、特別な対応をされたりすることがしばしばあります。日本には障害者の権利を守る法律がたくさんありますが、残念ながら知識としてそれらを知っていて、その上で行動をしている人は、ほんの一部だけです。

二〇一六年四月、障害者差別解消法が施行されたことにより、障害者に対する合理的配慮が注目されることとなりました。法律が施行された時期、私はアメリカで障害者雇用の研究をしていました。ネットで得られる情報を基に、どれだけ日本の社会が変わっていくのか少し期待を寄せていました。同年秋に一年間の研究を終え日本に帰国。しかし日常生活では、大きく日本の社会が変わったようには見えませんでした。

そんななか、意外なところで障害者差別解消法のパワーを知る機会があったのでここで紹介します。

劇場の車いす席はS席（最高額の席）のみ

二〇一七年、春。私は友人の勧めでミュージカル「Singin' in the rain」の日本公演を観に行くことにしました。ネットで確認したところ、席はエリアごとに、S席一万三千円、A席一万一千円、B席九千円の三タイプで販売されていました。私は予算に合わせてB席九千円を購入。購入画面には「車イスでご来場のお客様は、ご購入席番号を公演前日までにインフォメーションセンターまで連絡する」よう書かれていました。

クレジットカードで支払いを済ませた後、そのままインフォメーションセンターに電話すると、オペレーターから「車椅子席はS席になるので、差額の四千円分をお支払いいただけますか？」と言われました。私は驚きながらも、B席に車椅子でアクセスできないのか、座席の近くまで行ければ自分で移動可能なので通常の座席で観られると、自分の状態を説明し交渉しました。しかし、オペレーターの回答は、「B席まで多少階段があるので、そこを上がっていただくことができれば可能」とのこと。

この対応は明らかにおかしいと思い、車椅子席をS席にしか作っていないのはそちら側の事情であること、車椅子以外の客は自分の予算に合わせてチケットを買っているのに、なぜ車椅子の人だけ差額を払わないといけないのかと伝えました。また、アメリカでミュージカルを観た際、自分の予算に合わせてチケットを購入し、当日は車椅子で観られるスペースに案内してもらうことが一般的であること、その差額を請求されたことはないことを伝え、同じような対応ができないか確認しましたが、オペレーターは「今回の公演はそのように対応している。他の車椅子のお客様にもそのように案内しているので、今回だけ特別にということはできない」の一点張りでした。

差別解消法の「不当な差別的取扱い」に該当

何をどう言っても回答が変わらなかったので、一旦電話を切った私。しかし、どうしても納得がいかず、障害者の法律に詳しい知人に相談をしました。すると、今回の車イス席に必要な差額を支払うよう要求することは、障害者差別解消法の不当な差別的取扱いにあたると言われたのです。別の友人からは電話ではなく、文字で交渉内容を残しておいたほうが良いというアドバイスも受け、シアターの問い合わせフォームから以下のメッセージを送りました。

「昨日、Singin' in the rainの車イス席について問い合わせした者です。電話でお話しさせていただくことになっていましたが、やり取りを残しておきたいのでメールでご連絡いただけますでしょうか？　今回の差額支払い要求は、障害者差別解消法の不当な差別的取扱いに該当しますので、事前にその情報を調べてからメールをください」

数時間後にシアターから以下の通り返信がありました。

「この度、当電話窓口へいただきました車椅子席に関するお問い合わせに関しまして、これまで弊社では、車椅子をご利用のお客様には事前にお問い合わせ窓口までお電話をいただいた上で座席へ移ることが可能か不可能かをお伺いした上で、お座席への移動が難しいお客様には車椅子スペースへの移動をご案内する、というオペレーションをいたしておりました。

また今回、お客様のご購入チケットがB席であり、弊社でご用意しておりました車椅子スペースがS席相当であったため、差額のお支払をお願いするというご案内をいたしましたが、この度のご指摘を受けまして部内で検討いたしました結果、今回のご案内は不当な差別的取扱いに当たると認識いたしました。誠に申し訳なく、心よりお詫び申し上げます。

つきましては、みづき様及びお連れ様含め、ご購入いただいたチケット代以上のご請求はいたしません。ご観劇をお楽しみいただけましたら幸いです。

今後はご指摘いただいたことを踏まえ、障害のあるお客様へのオペレーションを修正・変更し、皆様に気持ちよくご観劇をお楽しみいただけますよう、改善して参りたいと存じます。」

当事者が法律を使うことで浸透していく

初めて法律のパワーを感じた瞬間でした。それと同時に実はこの件、障害のある当事者からは色々な意見がありました。「これはおかしい！　平等な権利を求めるべき！」という人もいれば、「そこまで騒ぎ立てることか？　差額を払うべきでは？」という人もいたのです。もちろん客観的に見て、冷静に考えた上で差額を払うべき状況であれば障害者であっても、それは支払うべきです。ただ、どんな状況でも相手に言われるままに動くのではなく、少し立ち止まって、本当にこれは正しいのか？　と考えることが重要なのではないでしょうか。どんな法律でも作るだけではダメです。障害者の法律であれば、障害者自身が内容をきちんと知り、実際に使い、周囲にも知ってもらわないといけません。そうすることで日常の何気ない場面でも、より平等なアクセス、公平な対応をしてもらえるはずです。

二　申し立て運動の成果③

私だって手ごろな掛け金で保険に加入したい！

──ある精神障害者の場合

鷺原由佳

精神科通院治療の人は保険加入お断り

私は東京都に住む精神障害者です。学生時代に統合失調症との診断を受け、一五年ほど通院と服薬を続けています。現在は、同じく精神障害をもつ夫と二人で、共働きをしながら地域で暮らしています。

ある日、自宅のポストに「都民共済」の封筒型のチラシが入っていました。手ごろな掛け金で豊富な保障がされるのが魅力らしく、さっそく電話窓口に申し込みをしました。

ところが、電話口の担当者が「今、通院治療等はされていますか?」と聞いてきたので、正直に「はい。精神科に通院しています」と告げたところ、「申し訳ありませんが、そのような方にはご加入いただけません」と言われてしまいました。「どうしてですか?」と問いましたが、「そういう決まりなので」の一点張りでした。

たらい廻し

これはおかしいと思い、私はまず「東京都福祉局の精神保健相談」を検索し、ホームページを見て市の保健所へ電話しました。電話口には保健師が出ました。

私が、「保険に入れないんです」と主訴を述べ、さらに「障害者差別解消法が二〇一六年四月から施行されていますよね。精神障害者が保険に入れないって、その法律の趣旨に反しませんか?」と言ったところ、その保健師は「障害者差別法? 知りませんねぇ」と答えました。当たり前です、『障害者差別法』なんて存在しませんから。

さらに保健師は、「私は医療職だから、法律のことはわからないのよ。市の消費者センターの番号を教えるから、そちらにかけてくれるかなぁ？」と、まるで子どもをあやすような口調で言われました。

悔しい思いをしながらも、私は教えられた市の消費者センターに電話しました。同様に障害者差別解消法に抵触しているのでは、と訴えましたが、そこの職員曰く、「こちらでは法に抵触しているのかどうかは判断できないので、『共済専用相談所』というものがあるので、そちらへ電話して苦情を申し立ててください」と言われてしまいました。電話越しの口調は冷たく、取り付く島もありませんでした。

「これってたらい廻しなのでは……？」と感じつつ、次に教えられた「共済専用相談所」に電話しました。担当者曰く、「『共済』という支え合いの性格上、リスクのある人との契約はできません。共済によっても違いがあるようですが、都民共済は難しいです。障害者差別解消法に抵触しているかどうかと聞かれれば、私は別に抵触していないと思いますよ。法律的な相談になるのなら、ご自分で弁護士を雇ったらいかがですか」。

結局、加入を断られてしまいました。あちこち電話して疲れ果てていた私は、「じゃあ、結構です」と電話を切りましたが、悔しさでいっぱいでした。

合理的説明がない一律拒否は差別

精神障害者であることと保険加入時の「リスク」はどう関係あるのでしょうか。問い合わせた先では誰も明確には答えてくれませんでした。私は通院・服薬をしながらも合理的配慮を受けてフルタイムで働いています。体調管理も、服薬や睡眠時間の管理も、夫と支え合いながら自主的に行っています。

一概に「精神障害者だから」と加入を拒否しているのなら、それは差別だと思います。障害を理由として他の者との別異取扱いをしているからです。障害者差別解消法が施行された今、それは看過ごされてはなりません。

加入を拒否する側は非常に巧妙で、「精神障害者だから断っているわけではありません」「一律に、通院治療中の方は加入をお断りしています」「法律のことは弁護士に相談してください」と、一見するとこちらに非がある、こちらがわがままを言っている、そんな対応をしてきますが、それは目くらましのようなもので、結果として保険に加入できていない、「他の者との平等」が侵害されているという点で、残念ながら立派な差別です。

困った私は、ワラにもすがる思いで「法務省みんなの人権一一〇番」に電話をしました。ここならきっと、わかってくれる。何か糸口がつかめれば、と必死の思いでした。

ところが、「みんなの人権一一〇番」の担当者は、私の訴えに、「都民共済が保険である性質上、しょうがないのでは？　別に『精神障害』を直接の理由にしているわけじゃないので、差別ではないのではと考えます。内部障害の人も身体障害の人も、『治療中』ならば入れないので」と冷淡な口調で言いました。

私はびっくりして、「今の医学では統合失調症は『完治』しません。ずっと薬が必要です。それじゃあ、一生私は都民共済に入れないんですか？」と問いましたが、担当者は「あのですね、何度も言うようですが、障害が理由じゃないんです。『通院治療』が理由ですので、障害者差別にはあたりません」と答えるばかりです。

私は泣きそうになるのをグッとこらえて、「わかりました。それではせめて、あなた様のお名前を教えて下さい」と言いました。ところが、「私は非常勤ですので、名前は申し上げられません」と、にべもなく言われてしまいました。必死の思いで相談したのに、相手は名前すら名乗ってくれない……。とても悲しかったです。

「泣き寝入り」はしない

結局、健常者なら「手ごろな掛け金で豊富な保障」を受けられるのに、私たち夫婦は都民共済に入ることができませんでした。本当に困っているときに手を差し伸べてくれる場所はありませんでした。現在では民間の保険に加入し、やや高めの掛け金を毎月払っています。

私だって都民です。まだ加入を諦めてはいません。今後は差別解消法の見直しも視野に入れて、可能性を探っていきたいと思っています。泣き寝入りする人が一人でも減るように、差別解消法が実効性を発揮することを心から願っています。

コラム　インクルージョンって？

エクスクルージョン（排除）

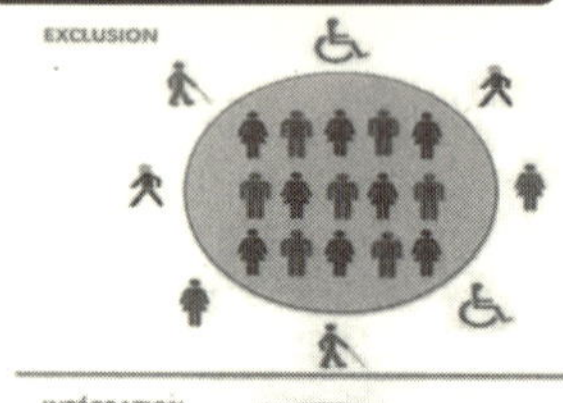

セグレゲーション（隔離・分離）

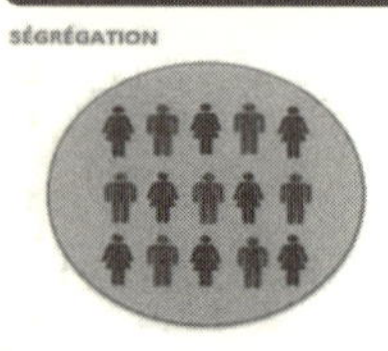

インテグレーション（統合）

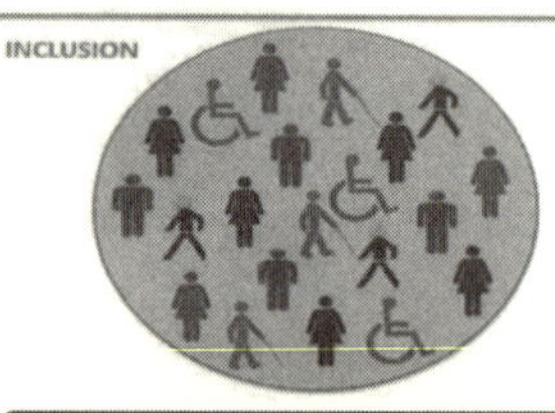

インクルージョン（包摂？包容？）

（出典：一木玲子「合理的配慮の提供を阻害するもの」『教育と文化』81 号 .pp32-41.2015 年）

コラム2　インクルージョンって？

鷺原由佳

この図は、「インクルージョン」についてわかりやすく解説されたものです。フランスの障害者雇用を担当する部署で作られました。

丸は、社会・地域を表しています。

「エクスクルージョン」は障害者が完全に健常者の社会から排除されている状態です。

「セグレゲーション」は障害者だけが隔離され、やはり健常者とは異なる社会にいる状態を指します。

「インテグレーション」は一見すると障害者も健常者も同じ輪（＝社会）にいますが、その中で別のカテゴリーに分けられている状態です。

一方、「インクルージョン」とは、障害のある人もない人も、様々な属性をもつ人々が同じ社会を構成する市民として存在しています。私たちの目指すのは、この「インクルージョン」が実現される社会です。

（あらゆるものが同じ場所で色々な個性を輝かせる、このことを食べ物に例えるなら、美味しいものがごちゃまぜに入った「お好み焼き」社会でしょうか!?）

三　明石市の取組み

障害者配慮条例と合理的配慮の提供を支援する助成制度

（明石市福祉局生活支援室　障害福祉課　共生福祉担当課長）
金（キム）　政玉（ジョンオク）

はじめに

障害者差別解消法（以下「差別解消法」）が施行されたことに伴い、明石市では「明石市障害者に対する配慮を促進し誰もが安心して暮らせる共生のまちづくり条例」（略称：障害者配慮条例）を差別解消法と同じ年四月一日から施行しています。

以下では、障害者配慮条例（以下「条例」）の概要の紹介と条例の大きな特徴でもある合理的配慮の提供支援に係る助成制度の現状と課題について述べます。

条例の概要と合理的配慮の提供支援

条例の概要は、次頁を参照してください。

まず、総則の「基本理念」「市の責務」「市民・事業者の役割」に合理的配慮の提供を定めています。差別解消法成立時の衆議院・参議院における附帯決議（二〇一三年六月）に盛り込まれた「本法が、地方公共団体による、いわゆる上乗せ・横出し条例を含む障害を理由とする差別に関する条例の制定等を妨げ又は拘束するものではないことを周知すること」を踏まえ、法の足りないところをできる限り補完して実効性を高めていくことを目指しています。

「合理的配慮」に関連する条例の特徴の一つ目として、条例第三条（定義）の「合理的配慮の提供」では、「社会通念上相当と認められる範囲を超えた過重な負担とならない程度で、当該障害者の意向を尊重しながら、その性別、年齢及び障害の状態に応じて、必要かつ適切な現状の変更及び調整等の措置を行うことをいう」と規定していま

明石市障害者に対する配慮を促進し誰もが安心して暮らせる共生のまちづくり条例

第1章　総則（第1条～第7条）

基本理念

1. 障害を理由とする差別を解消するにあたっては、障害のある人とない人との権利の平等が最大限尊重されなければならない。
2. 共生社会の実現は、障害のない人も含めたすべての人の問題として認識し、相互理解と人格の尊重を基本として行われなければならない。
3. 障害を理由とする差別の解消は、差別する側とされる側がお互いを一方的に非難するのではなく、ともに協力し合う事によって実現しなければならない。
4. 合理的配慮の提供は、障害のある人もない人も等しく基本的人権を享有する個人としてその尊厳が重んぜられることを基本として行われなければならない。

1. 合理的配慮の提供のあり方について積極的に調査及び研究し、率先して合理的配慮の提供を行う。
2. 市民、事業者、及び行政機関等が合理的配慮の提供を行うための支援（合理的配慮の提供支援）を行う。
3. 市民及び事業者の協力を得て、障害に関する理解に関する取組を行う。
4. 障害を理由とする差別の解消に関する相談を受け、紛争解決に向けて必要な支援を行う。

市の責務～積極的な合理的配慮の提供支援～

合理的配慮の提供に向けた協力体制

基本理念に対する理解を深め、合理的配慮の提供支援をはじめとする障害を理由とする差別の解消に関する取組の普及及び啓発を市と協力して取り組むよう努める。

市民・事業者の役割

第2章　合理的配慮の提供支援及び障害理解の啓発（第8条・第9条）

市は、市民、事業者及び行政機関等が合理的配慮の提供を容易に行うことができるよう、合理的配慮の提供支援に関する施策を実施

合理的配慮の提供に伴う
経済的な負担の一部を公的に助成
- 点字メニューなどコミュニケーションツールの作成にかかる費用
- 折りたたみ式スロープや筆談ボードなど物品の購入にかかる費用
- 手すりやスロープの工事施工にかかる費用　＊要綱で実施

合理的配慮の提供支援

□ 障害と障害者に対する市民の理解を深めるため、障害理解に対する研修などの必要な取組を行う。
- 高齢者大学での研修
- 小学校手話教室（手話言語コミュニケーション条例）
- 市民フォーラムの開催

□ 障害のある者とない者との相互理解を深めるため、交流の機会を提供するなどの必要な取り組みを行う。
・タウンミーティングを開催し当事者の声を聴く

障害理解の啓発

不当な差別的取扱い
正当な理由なしに、障害又は障害に関連する事由を理由として、障害者を排除し、その権利の行使を制限し、その権利を行使する際に条件をつけ、その他障害者に対する不利益的な取り扱いをすること。

合理的配慮の提供
① その障害のある人が困っていそうだな、と思われるとき
② 障害のない人と同じ権利を行使できるようにするため
③ ご本人の意思を尊重しながら
④ 性別、年齢、障害の状況に応じて、必要かつ適切な措置を講じる。
＊その実施が、措置を行う者にとって、社会通念上相当な範囲を超えた過重な負担とならない程度で。

差別＝「不当な差別的取扱」＋「合理的配慮の提供をしないこと」

何人も、障害を理由とする差別をしてはならない（第10条）。

差別を解消するために・・・

第3章　障害を理由とする差別の解消（第10条～第15条）

第2節　障害を理由とする差別の解消に関する施策

相談助言
- 障害者、家族等関係者、事業者は、市等へ障害を理由とする差別に関する相談ができる。
- 内容に応じて相談員が解決に向けた助言、調整を行う。

あっせん申立
- 相談・助言で解決しない場合は、障害者、その関係者からの申立によってあっせん手続に移行する。
- あっせん手続は、第三者委員会（地域協議会あっせん部会）が行う。

勧告公表
- 一部の悪質事業者については、明石市行政手続条例の手続等による手続保障を行ったうえで、勧告し、公表することがある。

※勧告公表まで完了しても、障害を理由とする差別が解消されていない場合は、市長は引き続き差別解消に向けた対応をすることができる。

第3節
明石市障害者の差別の解消を支援する地域づくり協議会

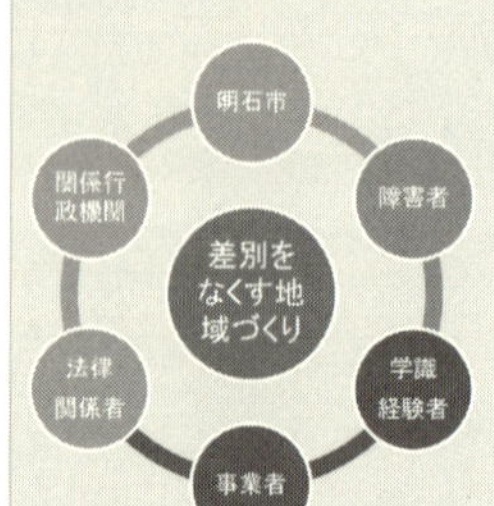

障害を理由とする差別に関する地域課題について、明石市を中心とした地域ぐるみで解決できる協議会を立ち上げる。

【所管事項】
- 障害を理由とする差別を解消するために必要な施策について市長に意見を述べること。
- この条例の施行状況の検討と見直し。
- あっせんの審理。
- その他差別解消に必要なこと。

す。差別解消法の第七条及び第八条の二項では合理的配慮の提供は「障害者から現に社会的障壁の除去を必要としている旨の意思の表明があった場合において」となっています。この規定だけでは、障害者自らの「意思の表明」が必要という趣旨にも読めるため「意思の表明」が難しい障害者を考慮し「当該障害者の意向を尊重しながら、その性別、年齢及び障害の状態に応じて、必要かつ適切な現状の変更及び調整等の措置を行うことをいう」としています。

特徴の二つ目は、条例では、障害を理由とする差別とは、不当な差別的取扱いをすることと、合理的配慮を提供しないこととし(第三条(三))、障害を理由とする差別の禁止(第十条)において「何人も障害を理由とする差別をしてはならない」ことを規定しています。この規定を「差別の禁止」の条文に置いたことで、すべての事業者や市民が、障害のある人に対応する場合には、できる配慮はしなければならないという解釈ができるようにしています。

特徴の三つ目は、合理的配慮の提供支援(第八条)に基づき、公的助成制度を実施し、商業者や市民活動(自治会やサークル等)を支援することにしています(次頁の助成制度の概要を参照)。この制度は、全国の自治体では初であり、差別解消法第五条(環境整備)の具体化の一環として実施し、関連して障害理解の啓発(第九条)も合わせて規定しています。

特徴の一つ目で紹介したように、条例ではすべての事業者や市民が、障害のある人に対してできる配慮をしなければならないとしましたが、それが現場ですぐに理解されて行うことは簡単ではありません。事業者にとっては、条例だからといっていきなり「できることはしなければならない」と言われても、配慮に関わる費用負担までを求めるのは一方的な押し付けになりかねず、かえって条例に対する反発を引き起こす懸念もあります。この公的助成制度は、規模の小さい商業者に対して、合理的配慮の提供を応援するものです。これにより、障害のある人が「お客さん」として来店する機会が増え、それが合理的配慮を理解するきっかけにもなります。この制度は、障害のある人と事業者がお互いにWIN-WINのお付き合いができるまちづくりにもつながる、という発想によっています。

公的助成制度の実施状況について

条例の施行（二〇一六年四月一日）に合わせて実施した助成制度は、当初予算（三五〇万円）のもとで、飲食店などの商業者等にも個別にはたらきかけ、着実に制度の利用が増えていきました。

（一）　申請件数と助成金額

二〇一六年度で一五〇件の申請があり、約二八三万円の助成額となりました。一番多かったのは筆談ボード購入の助成で、申請数は一一一件、次に点字メニューが二三件、お店の出入口の段差を解消する折りたたみ式スロープが九件、簡単な工事施工による手すりの取付けが四件となっています。

（二）　制度を利用した事業者へのアンケートの実施

二〇一六年十二月にこの制度を利用した事業者を対象にアンケート調査を実施しました。事業者の立場から助成制度の利用を通じた率直な意見を出してもらったことで、障害のある人への対応について事業者側が抱えている不安や課題を把握することができました。

合理的配慮の提供を支援する助成制度について

明石市では、障害のある人もない人もともに安心して暮らせる共生のまちづくりを推進していくために、商業者や地域の団体が障害のある人に必要な合理的配慮を提供するためにかかる費用を助成しています。

1 制度を利用できる団体

① 商業者など民間の事業者
② 自治会など地域の団体
③ サークルなどの民間団体

2 助成の対象になるもの

合理的配慮が簡単に提供できるようにするためのもので、以下にあたるもの

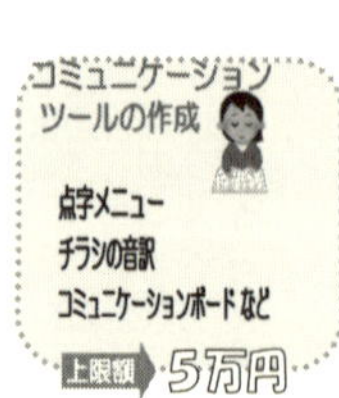

以下は、アンケート質問(①~④)とその質問によせられた主な回答です。

① 助成制度を利用したことでの変化について
「筆談ボードを使って、障害のある人とも積極的にコミュニケーションできるようになった」「筆談ツールが身近にあるので必要なときにすぐ対応できるようになった」

② 障害のある人への応対のときに困っていることについて
「どのように声をかけたらよいのかわからないことがある」「障害のことをご本人に尋ねていいのかわからない」

③ 助成制度以外で、特に必要だと思うことについて
「障害のある人への対応方法などを教えてくれる研修会」「障害のある人が店舗やスタッフに対し、どのようなことを求めているのかを知る機会」

④ 普段から感じていることや悩んでいることなどについて
「従業員が多いときに対応できたことが、少ないときに同じ対応ができない」「障害のある人に対してどこまで対応するべきかわからないことがある」

(三) 今後の取組みについて

助成制度を実施してから一年を経過して、今後の取り組むべき課題が明らかになってきました。

課題の一つ目は、条例と助成制度の周知をさらに市内全域に広げていくことです。一年目には、明石駅周辺(市内の東部)の店舗にはほぼ筆談ボード等が店頭に置かれるようになりましたが、西部地域にはほとんど周知されておらず、合理的配慮の提供が浸透していない現状があります。

そのため、今後はこの条例の趣旨をより広く市民にホームページや案内チラシ等を通じて知らせていく必要があります。点字メニューや筆談ボード、折りたたみ式スロープなどを障害のあるお客さんの対応の際に使っている事業者等の声を可能な範囲で紹介し、多様な障害に対する理解を進めていくための周知を図っていくことが重要になっています。

二つ目は、車いす利用者や視覚障害者の介助方法や聴覚障害者との筆談対応について理解するための事業者向

けの研修会を、障害のある人と協力して実施していくことです。

この助成制度によって、障害のあるお客さんに実際に対応しようとしたときに、筆談ボードがお店に置かれるようになって、聴覚障害のあるお客さんと店員さんとの間で、これまでになかった新しいコミュニケーションが生まれています。例えば、飲食店では好きな麺の硬さが選べたり、コーヒーショップではコーヒー豆の種類など、細かいオーダーを店員さんから丁寧に聴かれたりすることが多くなってきました。

障害のある人とない人との間で共に支え合っていく関係づくりが、助成制度の利用によって少しずつではありますが着実に進んでいます。

この助成制度は、障害理解の促進にとどまらず、事業者の利益にも繋がるなど、多くの効果を生み出しています。今後、明石市のような取組みが全国に広がることを期待しています。

四　一般企業の取組み

キリングループの取組み

（キリン株式会社人事総務部　多様性推進室）
中畑佐知子

障害者雇用・活躍は企業としての多様性推進の一環

キリングループは、「飲みものを進化させることで、お客様の毎日をあたらしくしていく」を経営理念として国内外で事業展開を行っています。

その中でキリン株式会社は、キリンビール・キリンビバレッジ・メルシャンの事業三社を統括し、事業を円滑に進めるための支援も行っている会社です。四社計で約八千九百名の社員がおり、うち二百名超は障害者手帳のある方で、その雇用率は二・三％です（二〇一七年六月一日時点）。

キリングループでは、多様性推進の一環として障害のある人の雇用・活躍を進めています。二〇一一年に「キリングループ障害者雇用憲章」を制定し、基本方針として「私たちは多様性を尊重し、障害のある人も、ない人も、共に働き、共に生きていく社会を実現するために、だれもがいきいきと働けるキリンらしい障害者雇用に取り組んでいきます」と掲げています。

社会、お客様が多様な人で構成されているように、キリングループもインクルーシブな組織でありたいと考えています。キリン㈱では、障害のある大学新卒者（主に身体障害）については他の社員と同じく適性や成長期待に応じた分散配置を行い育成しています。知的・発達障害のある社員については総務部内の「オフィスサービスカウンター」に配属し、得意分野を伸ばし、対応可能な業務領域を増やしながら勤務しています。

オフィスサービスカウンターは、グループ本社の業務を効率化し、社員がコア業務に集中する時間を創出すること、障害のある社員の活躍領域を広げ雇用を推進する

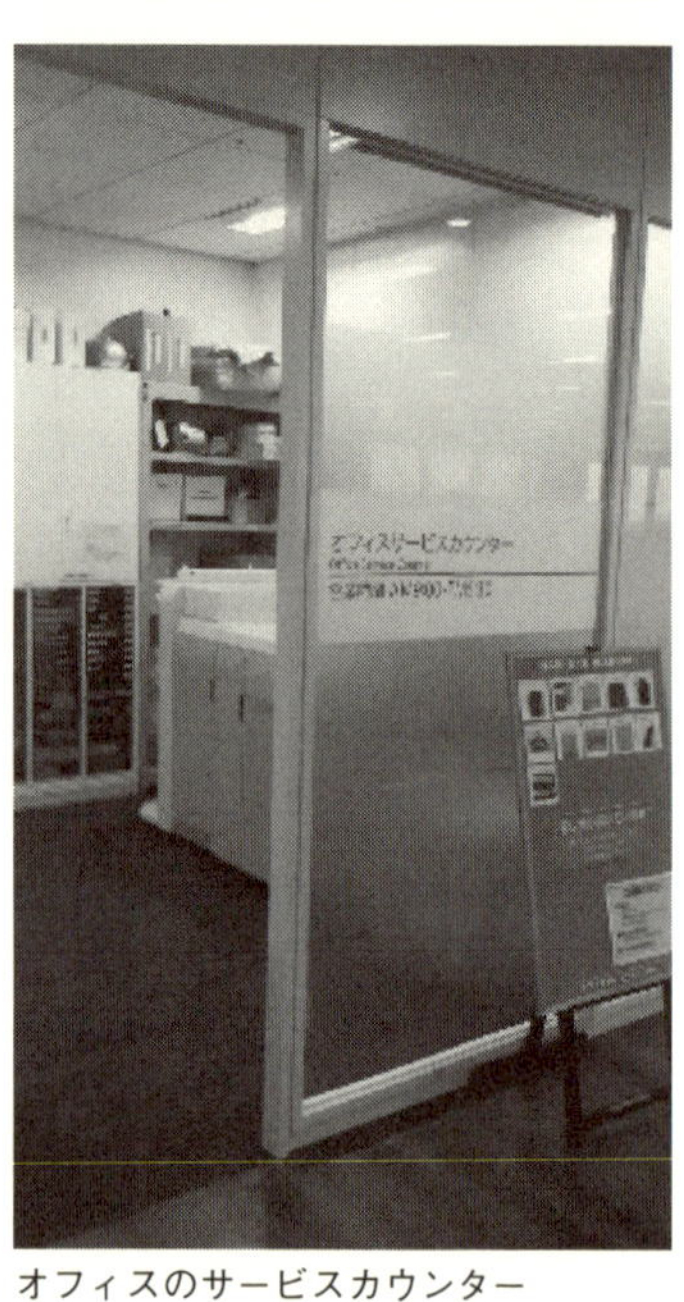

オフィスのサービスカウンター

ことを目的として二〇一五年に設立しました。三千名ほどが在席するグループ本社の中心部に開所し、会議備品等の貸出や執務フロアの整備（コピー用紙補充や機密文書廃棄等）、部門からの受託業務（現在は試験運用）などを五名のメンバーが指導員のもとで行っています。

集中配置はしていますが、カウンターを訪れたり、業務を依頼するグループ社員とのコミュニケーションが必ず発生しますので、メンバーの成長にもつながっています。キリン㈱では分散・集中配置、障害の種別にかかわらず、当事者である社員と周囲の社員が働く上で接点をもち、コミュニケーションや業務上支援（合理的配慮）を通じ、多様な人で構成する組織であることを実感・理解することが多様性推進の一つの基礎であると考えています。

OSC（オフィスサービスカウンター）

また、障害にかかわらず戦力として活躍いただき、本人の成長と組織に貢献していただくため、業務を円滑に実施するための支援を行っています。聴覚障害向けの情報保障としてUDトークの導入、大会議時には希望に応じた手話通訳、視覚障害向けとして社内歩行訓練、パソコンソフトの導入などのほか、障害種別にかかわらず生活・就業支援機関（WEL'S TOKYO）、ジョブコーチとの連携により一人ずつ異なる業務上の支援を行う仕組みを構築しています。

また、グループ各社の担当者向けに「障害者雇用推進者会議」を年一回実施しています。「担当者を一人にしない」ことも大事な取組みであると考えており、各社の担当者が一堂に会し、キリングループの障害者雇用方針や社会動向などを改めて確認するとともに、現場での活躍推進好事例や悩み・課題などを共有するとともに、この会議から持ち帰る知見や外部機関とのネットワークを各

社で活用することで、採用や定着支援が進み始めています。

また、キリングループでは社員への多様性推進そのものの理解・浸透についても同時に取り組んでいます。例として「多様性推進重点場所」を全国所在の事業所の中から定めており、各地域での多様性に係る課題に応じた施策を企画・実施しているほか、特別支援学校生の体験就労の受入を継続実施しています。

私たちは、今後も多様性推進は重要な経営課題と捉え、価値創造の実現を目指して活動していきます。

五　海外で解決に至った差別事例①

アメリカにおいて知的・精神障害のある児童が通常学級への在籍を認められた事例

今川奈緒
（茨城大学　准教授）

ここでは、アメリカにおいて、知的障害、精神障害のある児童が、通常学級への在籍を認められた裁判例を紹介します。判決が出されてから二〇年以上経過していますが、現在でも同様の事例が起きた場合、判断の基準とされることが多い裁判例です。

障害者教育法（IDEA）

まず、裁判の紹介の前に、簡単にアメリカの障害児教育法制について説明します。アメリカにおいて障害児に教育を保障する根拠法は複数存在しますが、その中で中心となるのは障害者教育法（Individuals with Disabilities Education Act：以下、IDEA）です。IDEAは、障害児に対して、「無償かつ適切な公教育」を「最も制限のない環境」において保障することを目的とした法律で、IDEAの対象となった児童は、個々人の障害の状態に応じて、「個別教育プログラム」が作成され、教育を受けるのに必要なサービスと「関連サービス」が提供されることになります。

IDEAは、差別解消法とは異なり、差別・合理的配慮という表現は用いていませんが、「最も制限のない環境＝最大限可能な限り、障害のない児童と同じ環境」において「無償かつ適切な公教育」を保障することで、障害児が適切な配慮を受けながら、可能な限り通常学級に在籍できるように規定しているのです。

レイチェル判決

次に、裁判においてどのような判断がなされているのか見ていきます。アメリカでは「レイチェル判決」〔Sacramento City Unified School District, Board of Education v. Rachel H. (14 F.3d1398(1994))として知られる事例を紹介します。

レイチェル・ホランドは訴訟当時一一歳で、ＩＱは四四、精神障害を有していました。彼女は、当初特別(支援)学級に在籍していましたが、両親が彼女を通常学級に在籍させることを望み、学校区に対して、レイチェルを全時間通常学級に在籍させるように希望を出しました。これに対して、学校区は彼女の障害は深刻であり、全時間通常学級に在籍しても利益を得ることはないと判断し、主要科目については特別(支援)学級で、美術や音楽、昼食等は通常学級で過ごす、という提案を行いました。

両親はこの提案を受け入れず、レイチェルが社会的、学問的な技術を学ぶ上で最適な環境は通常学級であり、特別(支援)学級においては利益を受けることができないとして、提訴しました。

先ほど述べたように、ＩＤＥＡは自治体の教育行政機関に対して、障害児が「最も制限のない環境」において教育を受けることを保障するように規定しています。レイチェル判決において裁判所は、この原則に基づいて「自治体は障害児ができる限り通常学級において教育を受けられるような手続を定めなければならず、特別(支援)学級や、特別(支援)学校、その他の形で、障害児が通常の教育環境から隔離されるのが認められるのは、障害の性質やその深刻さゆえに、補助や支援サービスを利用しても通常学級では十分な教育が受けられない場合であり、立法者の意思として、障害児が障害のない児童とともに通常学級に在籍することを重視しているということが読み取れる」と判示しました。

通常学級在籍の妥当性判断の基準

その上で、レイチェルが通常学級に在籍することの妥当性を判断するために、四つの基準に基づいて判断を行いました。四つの基準とは、通常学級に全時間在籍することにより得られる1教科教育上の利益、及び2学科に関すること以外の利益、3教師や生徒に与える影響、4レイチェルが通常学級に在籍することでかかる費用、となります。裁判所は、これらの基準に即して判断を行い、結論として、レイチェルが通常学級に在籍することを認めました。

裁判所の判断を簡単にまとめると、1の教科教育上の利益については、カリキュラムの適切な修正、パートタイムの補助等を受けることができれば、レイチェルは「個別教育プログラム」の目的を通常学級において実践することができ、実質的に教科教育上の利益を得ることができると判断されました。2の教科外の利益については、レイチェルは通常学級で過ごすことでコミュニケーション能力を発達させ、新しい交友関係を築き、自信をもつことができるようになったという事実が認められ、教科外の利益を得ていると判断されました。3の通常学級の生徒や教師に与える影響については、①レイチェルが授業に混乱をきたし、中断させ、収束がつかないような状況をつくり出すことにより損害を与えていないか、②教師がレイチェルに対してあまりに多くの時間をさかねばならないために、他の生徒に注意を向けることができず、彼らに不利益が生じていないかということが判断され、いずれの事態も生じていないということが認められました。4の費用については、学校区が主張するような大きな負担はないと判断されました。ＩＤＥＡは、合理的配慮に対する過重な負担による制限の考えをとっておらず、障害児が「無償かつ適切な公教育」を受けるにあたっての費用には上限がないという前提になっているのです。

実質的に教育上の利益を得ることを保障するＩＤＥＡ

ＩＤＥＡは、障害の性質・程度によっては、通常学級に在籍することができない児童がいるということを前提に組み立てられた法律ですが、障害児が最大限可能な限り通常学級に在籍できるように、細やかな仕組みが定められています。そして、最大限可能な限り、という限定が付されているのは、場を共有するだけではなく、障害児が実質的に利益を得ることを重視しているからとされます。障害児が実質的に教育上の利益を得ることを保障されながら、通常学級に在籍することはＩＤＥＡの目的の一つであり、レイチェル判決の四基準は、そのことをよく表しています。アメリカの障害児教育における差別解消の好事例とは、ＩＤＥＡ〔正確に言うとその前身の全障害児教育法（Education for All Handicapped Children Act）〕が制定されたことと言えるかもしれません。

五　海外で解決に至った差別事例②

英国における障害者差別禁止とその事例

川島　聡
（岡山理科大学　准教授）

はじめに

二〇一〇年四月八日に、英国で、二〇一〇年平等法（Equality Act 2010、以下、平等法）が成立しました。平等法は、障害者差別禁止法（ＤＤＡ）を含む、多くの関係法令を統合したものです。以下では、平等法が禁止する直接差別、間接差別、起因差別、合理的調整義務の不履行がどのようなものか述べます。その際、興味深い事例としてコールマン事件を紹介し、「関係者差別」という概念に言及します。また、必要に応じて、日本の障害者差別解消法にも触れたいと思います。

直接差別、間接差別、起因差別

障害に関して言えば、平等法の直接差別の定義は、次のようなものです。「ある者（Ａ）の別の者（Ｂ）に対する差別は、Ａが他の者たちを取り扱うか又は取り扱うであろうときと比べて、障害を理由にＢをより不利に取り扱う場合に生ずる」。次に、間接差別は、相手方が、障害者の障害に関して差別的な「規定、基準又は慣行」（例えば、うつ病の労働者に不利をもたらす九時勤務開始の規定）を障害者に適用した場合に、一定の条件の下で生じる、とされています。起因差別は、相手方が、障害者の障害に起因する事柄（例えば、障害に起因する長期の療養休職）を理由に、障害者を不利に取り扱った場合に、一定の条件の下で生じます。

これらの三つの差別のうち、ここでは、関係者に対する直接差別という、やや応用的ですが重要な論点に着目したいと思います。平等法の下では、障害者自身ではない者、すなわち、障害者の関係者（親、子ども、きょうだいなど）も、障害に基づく直接差別を訴えることができます。平等法が関係者に対する直接差別を禁止する契機となったのは、欧州司法裁判所（ＥＣＪ）のコールマン事件（Coleman v. Attridge Law and Steve Law Case C-303/06 ［2008］）です。

法律事務所で働いていたシーラ・コールマンは、自分自身は障害をもっていませんでしたが、彼女には障害のある息子がいました。彼女は、職場で、息子の世話のために休暇を申し出ました。しかし、彼女には、障害がない子どもを持つ同僚と同様のフレックスタイム制が認められず、また彼女は、障害のある息子のことなどを理由にハラスメントも受けたため、事務所を辞めることになりました。そして彼女は、不当な解雇だとして、ＤＤＡにいう差別を受けたと訴えました。そこでは、障害のある息子をもつコールマンが受けた差別（関係者差別）の禁止がＤＤＡの下で認められるかどうかが争点となりました。

ところで、英国も加盟国である欧州連合の雇用平等指令は、障害に基づく差別を禁止していました。そのため、コールマンの訴えを受けた英国の雇用審判所は、雇用平等指令の下で、関係者に対する直接差別が禁止されているかどうか、ＥＣＪに照会しました。ＥＣＪは、息子の障害に基づく母親（コールマン）に対する直接差別の禁止は雇用平等指令の射程に含まれるとの解釈を示す先行判決を下しました。ＥＣＪの先行判決には従わなければならないので、新規立法である平等法では、関係者に対する直接差別が禁止されることになったのです〔なお、その後、ＥＣＪが、人種民族平等指令に関する事案において関係者に対する間接差別の禁止を認めたことが注目されます（CHEZ Razpredelenie Bulgaria C-83/14 ［2015］）〕。

日本の障害者差別解消法における関係者差別について言えば、内閣府のQ&A集が、この法律は「あくまで障害者本人を対象とするものであるが、例えば、障害児を持つ親が、当該障害児の付き添いとして当該障害児とともに施設を利用しようとしたときに、当該障害児の障害を理由として障害児同伴での施設の利用について不当な差別的な取り扱いを受けた場合などは、対象となりうるものと考える」、と記しています。

合理的調整義務の不履行

平等法の下では、先に述べたように、障害者と関係がある者に対する直接差別（とハラスメント）は禁止されますが、使用者は、そのような者に合理的調整を行う義務を負いません（Hainsworth v Ministry of Defence〔2014〕）。使用者は障害者に対してのみ合理的調整義務を負うことになります。では、そもそも平等法における合理的調整義務とはどのようなものでしょうか。

平等法では、合理的調整は、「対応型合理的調整」と「予測型合理的調整」という二つの形態をとります。前者が障害者個人から具体的要求を受けた後に相手方が講じなければならない措置（事後的・個別的措置）であるのに対し、後者は障害者個人からの具体的要求を受ける前に、相手方が障害者一般のニーズを予測しながら前もって講じなければならない措置（事前的・集団的措置）をいいます。平等法二一条は、合理的調整義務の不履行は障害者個人に対する差別である、と定めます。

単純な比較はできませんが、基本的に、「対応型合理的調整」は、日本の障害者差別解消法に定める合理的配慮と似ている概念です。日本の障害者差別解消法は、合理的配慮義務の不履行を「差別」と定義しているわけではありませんが、そのように解釈されています（内閣府のQ＆A集）。これに対して、「予測型合理的調整」は、特に英国で顕著に発展した概念で、日本の障害者差別解消法第五条にいう「環境の整備」（交通機関や公共施設におけるバリアフリー化などのいわゆる事前的改善措置）とやや似ているところがあります。

合理的調整に関する一つの重要な論点として、平等法の附則は、合理的調整義務は関係事項の根本的変更を要求しない、と明記しています。例えば、暗闇での飲食を売りにするレストランは、聴覚障害者の来店客に読唇用の明かりを用意する必要はありません。もし店内が明るくなれば、このレストランの役務の性格は根本的に変更されてしまうからです。日本の障害者差別解消法に関する基本方針（二〇一五年二月二十四日閣議決定）も、「合理的配慮は、……事務・事業の目的・内容・機能の本質的な変更には及ばない」と記しています。

五　海外で解決に至った差別事例③

韓国の障害者差別事例

崔　栄繁

韓国の障害者差別禁止法

(一)差別の類型

韓国では二〇〇七年に「障害者差別禁止及び権利救済等に関する法律」という障害者差別禁止法ができました。この法律では雇用、教育、動産や不動産取引、建物や交通機関へのアクセス、情報アクセス、文化芸術活動や体育活動、司法・行政、サービス及び参政権、母・父性権や性、家庭・家族・福祉施設などでの障害を理由とする差別を禁止しています。そしてすべての分野において、四つの種類の差別を禁止しています。

直接差別	障害を事由に、正当な事由なく制限・排除・分離・拒否等により不利に遇する場合。
間接差別	障害者に対し、形式的には制限・排除・分離・拒否等により不利に遇してなくとも、正当な事由なく障害を考慮しない基準を適用することにより、障害者に不利な結果を招く場合。
正当な便宜の拒否	正当な事由なしに、障害者に対し、正当な便宜(合理的配慮)供与を拒否する場合。
広告による差別	正当な事由なしに、障害者に対する制限・排除・分離・拒否等、不利な待遇を表示・助長する広告を直接行い、或いは、そうした広告を許容・助長する場合。この場合、広告は、通常、不利な待遇を助長する広告効果があるものと認められる行為を含む。

(二)救済の仕組み

「国家人権委員会」という機関が救済機関(第四十一条)に

なります。国家人権委員会は行政府や司法府、立法府から独立した人権侵害や差別からの救済を図る国の機関です。日本にはまだありません。差別を受けたと思ったらまず、国家人権委員会に申立てをします。これは訪問しても、メールでも、手紙でも構いません。そして、国家人権委員会が実際に差別があったかどうかを調査します。申し立てた側と申し立てられた側を呼んで調査したり、訪問して調査したりします。調停やあっせんなどを行い、勧告を出すこともできます。勧告不履行の際に法務大臣から是正命令権が出されることもあります。

間接差別の事例

日本の障害者差別解消法などでは明記されていない間接差別の事例を見てましょう。

聴覚障害者二級の障害者(Aさん)が会社の入社試験で間接差別を受けたと判断された事例です。B社が新入社員の採用時、トイック(TOEIC)点数六〇〇点以上取った人だけ入社試験に志願する資格があると明示したことが差別であるとAさんは国家人権委員会に申立てを行いました。聴覚障害者の場合、ヒアリング試験には全く不利なので読解試験で満点(四九五点)を取っても六〇〇点以上取るのは不可能であり、障害者に不利になる、ということです。

これに対して被申立機関であるB社は職務の特性上、外国人を相手にする場合が発生するので英語点数資格要件は必須であると主張しました。国家人権委員会の調査の結果、B社が採用しようとしている新入社員の核心業務はIT事業等の企画及びサービスの発掘、新技術開発及びネットワークやシステムの運用等などで、英語でのコミュニケーションはこれらを円滑に行うための付加的な機能に過ぎませんでした。また、B社と似た業種であるC社の場合、健聴者(非障害者)とは別途に聴覚障害者用の試験点数(三八〇点)を基準にしていました。その他、行政機関でも募集時には聴覚障害者には別途の点数を提示している等、聴覚障害者のための別途の措置をとっており、志願資格を非障害者と同一にしなければならないという被申立機関の主張は理由のないことであると判断されました。

そして国家人権委員会は新入社員の採用時のトイック

点数六〇〇点以上の志願資格を明示することが、B社が正当な事由なく障害を考慮しない基準を適用することによって、結果的に障害者を差別した行為に該当すると判断しました。そしてB社に対して入社員志願資格に英語能力試験点数の基準について、聴覚障害者の受験者には障害の特性を反映した別途の点数基準を適用することと、人事関連部署の担当職員を対象に、障害者差別予防教育を実施することを勧告しました。B社は勧告を受け入れて改善された、という事例です。〔出典：「二〇一四「障害者差別禁止及び権利救済に関する法律」施行六周年記念討論会」資料、国家人権委員会、二〇一四年、筆者仮訳〕

解説

間接差別とは、障害に関係なしに、中立的な基準、一般的な基準をある障害者にそのまま適用すると、障害者に不利になってしまう差別のことです。この事例の場合、B社が求める英語能力が社員の業務に本当に求められるものであるかどうか、一律の基準が正しいのかどうか、が問題になります。ですので国家人権委員会は社員の業務の内容をまずチェックしたのです。また他の会社や機関などが行っている聴覚障害者に対する合理的配慮（韓国の差別禁止法では「正当な便宜」）についても調べています。そして差別であると判断し、B社に対して合理的配慮を求め、人権教育を行うことを勧告してそれをB社が受け入れて問題が解決されました。

日本の障害者差別解消法も障害者雇用促進法も、現時点では間接差別は差別として扱ってはいません。しかし、この韓国の事例のように、一見中立的な基準や慣行をそのまま障害者にあてはめてしまい、障害者の社会参加を妨げている例はたくさんあります。近い将来には日本でもきちんと間接差別を差別として法律で規定すべきでしょう。

もう一点重要なのは救済の仕組みです。行政機関、司法機関、立法機関から独立した国家の人権救済機関が差別や権利侵害を受けた人の救済にあたっている、ということです。多くの国にすでにこうした人権救済機関は存在しますが日本にはまだありません。相談に行ってもたらい廻しもされたりしないよう、こうした機関が必要です。

コラム3　複合差別・交差差別

臼井久実子

「複合差別」または「交差差別」と呼ばれる差別の存在を知っていますか？

とある障害のある女性が求職して拒否されました。彼女は納得できずその理由を聞こうとしました。何十社も就職試験を受けるうちに、「障害のある女性」ゆえの差別があるのではと感じたからです。

会社は、個別の理由は答えないとした上で「うちは障害者も女性も雇用していて、差別していない」と言いました。しかし、従業員のうち障害のある女性は何人かという質問にも答えませんでした。目の前の「障害のある女性」から問いかけられているのに、「障害者も女性も雇用している」という態度は、なんだか奇妙な感じがしませんか？　社会の至るところにこのような態度があります。

彼女と似たことを経験し、もどかしい思いをしてきた人たちが、単一の差別の観点では視界に入らず意識しにくい経験を「複合差別」と名付けました。障害女性の場合は障害者差別と性差別が複合した差別であり、固有の差別と捉えて取り組むことを提起しました。複合差別という定義もない法制度を変えて生きやすい社会にしていくために、障害があり女性である自分が生きにくさを感じた経験をおもてに出そうと呼びかけました。「繰り返し性的被害を受けていた」「女のあなたが家事をすべきとヘルパーに言われる」「娘だから親の介護は当然とされる」「医者や親から中絶を勧められた」……呼びかけに応じた八七名の経験をまとめた報告書は、障害のある女性の複合的差別が確かに存在していることを明らかにして波紋を広げました。現在は大学のプロジェクトで聞き取り調査が進行中です。

最近「交差差別」という言葉も用いられています。きっかけは、米国で黒人女性エマが自動車工場に採用されず、黒人女性だから採用されなかったと考えて提訴し、裁判官が却下したことでした。判例を掘り下げて「交差差別」と名付けた研究者は、人種差別ロードと性差別ロードの十字路と車に例えました。十字路には「受付や事務は白人女性」車と「工場業務は黒人男性」車が往来し、黒人女性であるエマは交差点に立っています。人種差別ロードまたは性差別ロードで車に突き飛ばされた場合は法律（救急車）が手当します。しかし交差点では手当もせず見捨てている差別をインターセクショナリティ（交差性）と名付けたのです。問題を鮮やかに捉え、複合差別とも響き合う言葉です。

障害の有無で分離しない共生社会を目指すことを障害者基本法も掲げ、審議会なども障害者と女性の構成割合はそれぞれ意識されています。ところが、障害者の性別構成割合はあまり意識されておらず、障害のある女性はわずかなことを課題として提出しても、しかたがないことのように扱われがちです。この現状を変える第一歩、障害女性の参画を重点的に確保する方針・計画をもつことです。

「私たち抜きに決めないで」が世界の障害者等の合言葉となり「誰ひとり取り残さない」とSDGs（持続可能な開発目標）を政府本部が掲げる現在も、分離と縦割の狭間に取り残されているのは、複合差別・交差差別を受けている人々です。例えば障害者団体の役員に、女性はどれほどいるでしょうか？　数少ない女性役員の間では、女性の立場でものを言うことへの抵抗が種々あることも話にのぼります。しかし、複合差別・交差差別を受けている人は、ものを言わなければいないのと同じです。いわば交差点で何度も車にひかれ放置されたままです。

「ここにいる」と、もっと声を。教育研修等で障害女性の声を聞く機会を。対応要領・指針には、相談窓口に女性も配置し研修科目に複合差別・交差差別を組み込む加筆を。調査は障害者の性別を必ず項目に入れて分析を。法制度を変えて、障害女性等が参画しやすい環境づくりを。それぞれの立場から着手しましょう。

障害者権利条約第六条（障害のある女性）のガイドライン（三号意見）が確定し、二〇一七年、日本語訳ができました。実態に向き合い、ものを言うパワーを汲み上げることができる文書です。複合差別調査報告書と併せてぜひ活用を。

※関連情報へのアクセス
障害のある女性の生活の困難－複合差別調査報告書
http://dwnj.chobi.net/siryou.html#houkoku
障害者権利委員会
障害のある女子に関する一般的意見　第三号（二〇一六年）
「障害保健福祉研究情報システム（DINF）」上に掲載
http://www.dinf.ne.jp/doc/japanese/rights/rightafter/crpd_gc3_2016_women.html

第III部

対応要領・対応指針
～障害当事者から提言！～

ここからは、二〇一七年八月現在の省庁の対応要領・対応指針への、当事者サイドからの提言です。差別とは何か、合理的配慮とは何かというガイドラインにあたるのが、対応要領・対応指針です。対応要領とは、行政機関向けで、対応指針とは、民間事業者に向けたものです。すべての省庁・分野が重要ですが、障害者の生活に特に関係の深いと思われる省庁をピックアップしました。

現在の各省庁の対応要領・対応指針は、全国の障害者から寄せられた事例から見て、まだまだ十分ではないところがあります。二〇一九年には障害者差別解消法の改正が予定されていますが、同時に、対応要領・対応指針の見直しも行わなければなりません。障害者への差別をなくして、障害のある人もない人もすべての人が尊重され、一緒にいきいきと暮らせる社会をつくりましょう。

＜対象省庁＞

対応要領…内閣府・独立行政法人国際協力機構（ＪＩＣＡ）、法務省（裁判所）

対応指針…、文部科学省、厚生労働省、経済産業省、国土交通省、金融庁

＜本書で取り上げている対応要領・対応指針は下記のウェブサイトを参照ください＞

関係府省庁における障害を理由とする差別の解消の推進に関する対応要領

http://www8.cao.go.jp/shougai/suishin/sabekai/taioyoryo.html

関係府省庁所管事業分野における障害を理由とする差別の解消の推進に関する対応指針

http://www8.cao.go.jp/shougai/suishin/sabekai/taioshishin.html

一　内閣府対応要領、ＪＩＣＡ対応要領

尾上浩二
（ＤＰＩ日本会議 副議長・内閣府 障害者施策アドバイザー）

1　国、独立行政法人の対応要領の典型例として

障害者差別解消法の第九条は、国や独立行政機関等に関して、「当該国の行政機関及び独立行政法人等の職員が適切に対応するために必要な要領を定めるものとする」としている。

障害者差別解消法施行までに、中央省庁では三八の職員対応要領が作成されてきた。内閣府や厚生労働省、文部科学省、国土交通省はもとより総務省、法務省、農林水産省、経済産業省、防衛省や警察庁、宮内庁など、ほぼ全省庁で作成されたことになる。

対応要領の作成にあたって、障害者団体からのヒアリングやパブリックコメント等も実施された。別の項目で見るとおり、省庁ごとの特色もある。だが、基本的な構成や考え方といった部分は共通している。その「ひな形」とも言えるのが、内閣府の職員対応要領である。

また、省庁と並んで独立行政法人等も職員対応要領の作成は義務である。独立行政法人国際協力機構（以下、ＪＩＣＡ）が作成した職員対応要領は、間接差別や関連差別についても言及するなど独自の記述もなされている。

本項では、まず、内閣府の対応要領を取り上げることで、その共通的なポイントを押さえ、続いてＪＩＣＡの対応要領について独自に記されている点を中心に見ていき、今後のバージョンアップに向けた基本的な視点を整理していきたい。

2　内閣府対応要領の構成と特徴

内閣府の対応要領は、七条からなる本文と、考え方や事例等を記した別紙で構成されている。

本文の第1条は、差別解消法の規定、基本方針に即して「職員が適切に対応するために必要な事項を定めるものとする」との目的が示されている。

「第2条不当な差別的取扱いの禁止」、「第3条合理的配慮の提供」は、それぞれ差別解消法の第七条第1項、第2項に基づき、「別紙に定める留意事項に留意する」ことを職員に求めている。

「第4条監督者の責務」では、障害者差別解消に関する職員の注意喚起や認識、障害者差別に対する相談・苦情の申し出等があった場合の迅速な状況確認、合理的配慮の提供を適切に行うよう職員への指導といったことを、課長職以上の「監督者」の責務として対応を求めている。

「第5条懲戒処分等」では、職員が差別的取扱いや合理的配慮の不提供を行った場合は、「態様等によっては、職務上の義務に違反し、又は職務を怠った場合等に該当し、懲戒処分等に付されることがある」としている。対応要領が訓令として発せられ、職員の服務規程として位置付けられていることを表した規程である。

「第6条相談体制の整備」では、障害者差別に関する相談窓口が列挙されている。さらに、「性別、年齢、状態等に配慮」するとともに、「対面のほか、電話、ファックス、電子メールに加え、障害者が他人とコミュニケーションを図る際に必要となる多様な手段を可能な範囲で用意して対応」とされている点は、実際の相談の場面で重要な規定である。

「第7条研修・啓発」では、「障害を理由とする差別の解消の推進を図るため、職員に対し、必要な研修・啓発を行うものとする」とし、新任職員、新任監督者に対する研修や啓発、マニュアルの活用などが記されている。

続く別紙では、「障害を理由とする差別の解消の推進に関する対応要領に係る留意事項」として、第1～第5項目で差別的取扱いと合理的配慮に関する基本的な考え方が示されている。その上で、「差別的取扱いに当たり得る事例」と、「合理的配慮に当たり得る事例」が「物理的環境」「意思疎通」「ルール・慣行の柔軟な変更」に分けて記述されている。

基本的な考え方の各項目は障害者差別解消法の基本方針を踏襲した内容となっているが、対応要領ではさらに具体的な場面を想定した記述になっているのが特徴である。

別紙の第2では、差別的取扱いに関する「正当な理由の判断の視点」として、「正当な理由に相当するのは、①客観的に見て②正当な目的の下に行われたものであり、③その目的に照らしてやむを得ないと言える場合である」(丸付き数字は筆者)と、基本方針と同様の規定をしている。これを受けて、さらに「内閣府本府においては、正当な理由に相当するか否かについて、具体的な検討をせずに正当な理由を拡大解釈するなどして法の趣旨を損なうことなく……」と、「正当化理由」の拡大解釈の問題を指摘している。

また、別紙の第5では、合理的配慮に関する「過重な負担の基本的な考え方」として、「過重な負担については、具体的な検討をせずに過重な負担を拡大解釈するなどして法の趣旨を損なうことなく……」と、「過重な負担」の拡大解釈の問題を指摘している。

実は、これらの点は、障害者団体のヒアリングやパブリックコメントを受けて加えられたのだ。これまで、様々な場面での入店拒否、利用拒否の際に、事業者側からは「もし、何かあったら……」といった「言い訳」が持ち出されてきた。また、合理的配慮についても「特別扱いはできない」と代替え措置の検討すらされないまま拒否されることがしばしばであった。こうした対応が日常的に繰り返され辛い思いを強いられてきた現実があるからこそ、多数の意見が寄せられたのだ。

内閣府の対応要領に盛り込まれた、これらの点は共通ベースとなり、他の対応要領や民間事業者向けの対応指針でも採用されている。

3 JICA対応要領の構成と特徴

JICAの対応要領も本文と別紙からなっており、基本的な構成は内閣府の対応要領と同じであり、共通した部分については、ここではふれない。JICA対応要領の独自の工夫としては、障害の社会モデルをより理解しやすくしている点があげられる。

第3条「合理的配慮の提供」のところでは、障害者からの意思の表明について、「障害者を補佐して第三者が行う意思の表明を含む」と補足的な記述がなされている。これは基本方針にも記されていることではあるが、基本方針を参照しなくても理解ができるようにあえて記述したということだろう。第4条「監督者の責務」では、内閣府の対応要領では「障害を理由とする差別に関する問題」とある部分を、「障害者に対する不当な差別的取扱い又は合理的配慮の不提供に関する問題」と法の規定に沿って詳細な記述にしている。また、第7条「研修・啓発」では、内閣府の対応要領では(職員に対して)「障害の特性を理解させ……」とある部分を、「障害特性や社会の障壁を理解させ……」とし「社会の障壁」を追加している。このように、障害者差別解消法、並びに基本方針を踏まえて、障害の社会モデルの点から念押し的な記述が加えられている。

別紙も随所に特色ある記述がなされている。

別紙の第3「不当な差別的取扱いの具体例」のところでは、「なお、各拠点は所在地の障害者差別禁止に係るルール・慣習にも留意することとする」との記述がある。国際活動に従事する機構であるから当然のことではあるが、国によっては日本の障害者差別解消法よりも強力な差別禁止法が存在していることへの注意喚起である。

「不当な差別的取扱いに当たり得る具体例」として、「障害があることを理由に、研修の参加を拒む」との例が追加されている。

それに続けて、「上記のように、障害があることを理由とする直接差別に加え、以下のような間接差別、関連差別も不当な差別的取扱いにあたることに留意する」として、「間接差別：一見中立なようだが、その効果が障害者の区別、排除、制限等の不利益となるようなルールを設けること」「関連差別：障害に関連する事項を理由に区別、排除すること」との定義を紹介した上で、「活字印刷物を読めることや電話対応が可能であることを事業への参加の要件とする(間接差別)」「会議への出席に介助者が必要であるにもかかわらず、会議参加者でない等の理由で介助者の入室を拒む(関連差別)」といった間接差別、関連差別の具体例も記されている。

別紙の第4「合理的配慮の基本的な考え方」では、「合理的配慮を行うに先立ち、まずは障害者に対してどのような配慮を望むのかについての意思の確認を励行する」と、障害当事者のニーズを確認することの重要性を強調している。さらに、事業委託に関して「事業者に委託する場合……、委託等の条件に、対応要領を踏まえた合理的配慮の提供について盛り込むよう努める」とされている。委託等の条件に合理的配慮の提供を盛り込むことについて、基本方針や他の対応要領では「望ましい」との記述に止まっている。

一方、JICAの要領では、さらに踏み込んで「努める」としているわけだ。

別紙の第6「合理的配慮の具体例」では、JICAの事業の具体的な場面を想定した事例が複数記載されている。その中のいくつかを紹介する。

・障害者の希望や移動の状況に合わせ、公用車及びタクシー等の使用を検討する
・専門家、ボランティア、調査団等として障害者を派遣する場合、介助者、手話通訳者等の同行、国内移動やフライトの配置、機材の購入等必要な対応を行う
・広く配布するパンフレットについては、電子版、点字パンフレット、ルビ付きや拡大文字使用のパンフレット作成を積極的に検討する
・ホームページによる情報発信の際に、動画に字幕などの文字情報を付す、拡大文字や読み上げソフトの利用に配慮し、テキストデーターを付すなどする

これらは、これまでの事業展開の中で求められてきた事例を踏まえて記載されたものであろう。「障害と開発のメインストリーム化」が大きな課題となるなか、これまでDPI日本会議をはじめとした障害者団体への委託や協働が進められ、専門家やボランティア、JICA職員に障害当事者が抜擢されてきた。そうした蓄積が一定反映したものと言えるだろう。

4　当事者の事例をもとにした、法律、ガイドラインのバージョンアップを

先に述べた通り、対応要領や対応指針を作成する際、障害者団体からのヒアリングやパブリックコメントが行われた。DPI日本会議からも出席し、具体的な事例を出しながら意見提起を行ってきた。そうした取組みの成果の一つが、「正当化理由」「過重負担」の拡大解釈をめぐる記述であった。国交省など他分野の対応要領では、さ

らに具体的な事例も多数採用された。

大きな役割を果たしたのが、ＤＰＩ日本会議で募集してきた差別事例や合理的配慮の事例であった。障害当事者として日々生活し社会に参加する中で、様々な事態に直面する。そうした経験を通じて集積された事例こそ説得力があり、社会を動かしていく力をもっているのだ。

さらに、ＪＩＣＡの対応要領では、間接差別、関連差別に関して言及していたが、この点は、今後の法改正にも関わってくる。二〇一二年にまとめられた障害者政策委員会・差別禁止部会意見書(注1)では、あらゆる形態の差別について、直接差別・間接差別・関連差別・合理的配慮の四類型のうち、最初から三つ目までを「不均等待遇」に包括し、不均等待遇と合理的配慮の不提供を定義として採用することを提起している。

だが、差別解消法では、差別的取扱いに何が含まれるのか定義されていない。差別解消法制定後、内閣府が作成したＱ＆Ａでも、【「直接差別」に関しては、基本的には「不当な差別的取扱い」に含まれる。その上で、「間接差別」「関連差別」については、具体的にどのような事例が該当するのか必ずしも定かではなく、現時点で一律に判断することは困難であるため、具体的な相談事例や裁判例の集積等を踏まえた上で対応することとしている】としている(2)。

差別解消法の見直しの重要課題には、差別の定義や各則規定の創設がある。対応要領、対応指針等を差別解消のツールとして役立つ明晰なものにしていく点からも、差別解消法見直しの点からも、当事者の立場からの継続した事例発信が重要になる。

注

1 「障害を理由とする差別の禁止に関する法制」についての差別禁止部会の経過と意見。
http://www8.cao.go.jp/shougai/suishin/seisaku_iinkai/index.html#kinshibukai

2 障害を理由とする差別の解消の推進に関する法律Ｑ＆Ａ集〈地方公共団体向け〉内閣府
http://www8.cao.go.jp/shougai/suishin/law_h25-65_ref2.html

二　法務省・裁判所対応要領

青木志帆
（弁護士、明石市福祉部 障害者・高齢者支援担当課長）

1　はじめに

本項で取り上げる対応要領は、法務省・検察庁・裁判所がそれぞれ定めているものであり、対象範囲を法務省は検察庁、刑務所、保護観察所、法務局・地方法務局とし、裁判所は民事訴訟、刑事訴訟とする。障害者権利条約においては、第十三条（司法手続の利用の機会）の場面に関するもので、それぞれの機関が障害を理由とする差別を行わないよう、日ごろから守るべきルールを定めている。このため、これらの対応要領も、障害者権利条約第十三条が目指しているところと無関係ではありえず、その目的を果たせているか、という観点からの評価が必要となる。

さて、障害のある人と「司法手続」と聞いて、どのようなイメージをもつだろうか。障害のある人もない人も、等しく人間関係をつなぎながら生活をしている以上、お金の貸し借りはするし、離婚もする、ＤＶだってする。そこに障害の有無による差はほとんどない。それどころか、国家が犯罪事実を認定し、刑罰を科す手続である刑事裁判の場合、罪に問われた被疑者や被告人として障害のある人が関与するケースが多い。障害のゆえに人間関係で孤立して生活困窮に陥った末に、あるいは判断能力の障害のゆえに少額の万引きに手を染めてしまう者もいる。また、詐欺集団の末端として、騙されて利用されてしまうこともある。

刑事手続は、国家権力による個人の人権への侵襲の最たる場面であることから、憲法上も刑事手続の中で被疑者や被告人の人権を守る方法が数多く書かれている。しかし、それらはどれも難しく、障害のある者がひとりで十分に使いこなせるものとは言いがたい。この点は、捜査機関や裁判所などがきちんと障害特性に応じた合理的配慮をしなければならないのだが、長い司法の歴史を見ても、ほとんど障害に配慮されてこなかったと言うしかない現状にある。

障害者権利条約第十三条は、日本の障害のある人が日本政府に働きかけたことを契機として生まれた条文である。つまり、障害者権利条約第十三条は、日本の司法手続における障害のある人に対する差別実態が生み出した条文と言える。

このため、司法分野にかかる法務省(刑務所・保護観察所)、検察庁(捜査・裁判)、裁判所における対応要領は、特に障害者権利条約との整合性を意識した記載と遵守が求められると言えよう。

2 法務省

(一) 検察庁

検察庁は、刑事司法手続における捜査機関であり、とりわけ罪に問われた被疑者を起訴(裁判にかける)するか否かを決定する裁量を有している点に特徴がある。起訴権限を独占しているがゆえに、被疑者との関係性はおのずから強権的なものとなりがちであり、それが障害特性を無視した取調べにつながらないように注意する必要がある。

さらに、近時は「福祉的支援を必要とする障害のある被疑者を、捜査段階からも地域の福祉的資源につなげ、社会の中で更生を図るべきである」という「入口支援(入口・出口は懲役刑などの刑事処遇を基準としたもの。刑務所から社会復帰して地域に帰住する際に必要とされる支援は「出口支援」と呼ばれる。)」という考え方が広がりを見せている。障害特性に応じた福祉的支援を考える際には、本人の機能障害(インペアメント)を丁寧に見極め、どのような社会的障壁のゆえに犯罪行為に至ったのかをきちんと分析しなければならない。

このように、検察実務にとって、障害を理由とする差別(特に合理的配慮の提供)は、近時切っても切れない重要な問題である。ところが、検察庁対応要領を見ると、その内容は内閣府本府が公表した対応要領と大差なく、抽象的な印象が否めない。ここでは次の二点を指摘しておきたい。

まず、「研修」に対する意識の希薄さである。たしかに、対応要領として障害を理由とする差別に関する規範は作成されているものの、合理的配慮の提供などは、障害ごと、いや、障害者個々人によってどのような対応が必要とされるか異なる。そうすると、ルールだけがあらかじめ決まっていてもいざその場面に立ち至ったときに、直ちに適切な対応を取ることができない。対応要領第九条は、内部研修についての一般的義務を定めているが、その時期、内容等については不明である。この点を具体化し、全国の検察庁において障害理解に関する研修を徹底することが強く望まれる。

次に、不当な差別的取扱いと合理的配慮の不提供に関する事例について、検察庁独自の事例をもっと盛り込むべきである。対応要領別紙留意事項の第4と第7では、非常に一般的な事例が数例挙げられているに過ぎない。しかし、前述の通り、検察庁独自に必要とされる合理的配慮は存在するはずである。例えば、意思表示に関する能力に障害のある者の取調べにおいては、あとから本人が取調べを再現することは極めて困難である。このため、取り調べの全面可視化は合理的配慮の提供として必須の対応となる。現在、身柄を拘束する事件においては原則可視化とされているが、合理的配慮の観点に鑑みれば、不拘束事件であっても当然可視化が必要となる。

(二) 刑務所・保護観察所

刑事裁判を受けて禁錮・懲役刑が確定すると、その刑は刑務所が執行する。そして社会復帰をする際、刑務所と地域とのつなぎ役をするのが保護観察所の役割である。これらの機関の職員に関する対応要領は、法務省対応要領に定められている。

検察庁の項で説明した通り、近時刑務所から出所し、地域へ還る際に、福祉的な支援を必要とする者については、出所前から支援のコーディネートを行う「出口支援」という取組みが広がりを見せている。刑務所や保護観察所においても、障害を理由とする差別の問題は、非常に日常業務と密接した関係にあるといえる。

しかし、法務省対応要領も検察庁対応要領と同様、一般的な記載に終始している印象は否定できない。刑務所は、「受刑者である」という点での特殊性はあるものの、服役している期間中は、障害のある人の生活の一切を管理する機関である。その中で、障害のある受刑者とない受刑者との機会の平等のため、合理的配慮の提供が求められる場面は決して少なくないはずである。例えば、ろう者・難聴者に対する指示は文字情報あるいは手話で行う必要があろう。このように、刑務所や保護観察所特有の合理的配慮のニーズにつき、より具体的な事例を別紙留意事項に揃える必要があろう。また、出所後の支援にも資することから、障害特性に関する研修は、検察庁以上に必須のものとなろう。

（三）　法務局・地方法務局（人権救済）

法務省が所管する法務局及び地方法務局では、人権侵犯（侵害）の疑いのある相談を受けた場合、人権侵犯事件調査処理規定に基づき救済手続を行っている。人権侵犯に関する救済手続は、具体的な紛争解決手続を設けなかった障害者差別解消法の中にあって、国の責任で処理する紛争解決手段の一つとして位置付けられている。つまり、法務局及び地方法務局は、障害を理由とする差別が生じた場合の一次相談を受ける可能性がある機関である。障害特性に応じて適切な相談対応や人権救済手続を案内できるよう、やはり日頃からの研修が重要となるのであり、対応要領記載の範囲を超えて、具体的な研修体制を構築することが期待される。

3　裁判所

（一）　民事訴訟

当然のことながら、障害のある者も民事裁判手続を利用する。障害を理由とする不当な差別的取扱いが発生すれば、それだけで憲法上保障された裁判を受ける権利の侵害になる。障害者差別解消法や、それに基づく対応要領が策定される前からも、障害のある人の民事裁判手続参加が問題となった事件があった。以下、代表的な事例を数件挙げる。

①点字訴訟（名古屋地裁判決平成二十四年九月七日）

全盲の女性が、住んでいた市が行った障害程度区分認定を不服として、市を相手に提起した行政訴訟。原告は本人訴訟かつ点字で作成した訴状を提出したところ、名古屋地裁はこれを受理した。訴訟係属中も、被告に対して点字対応するように促し、また判決要旨も点字で作成、交付するなど、裁判所によって原告本人の情報保障がなされた事件である。

②高松手話通訳訴訟（高松地裁平成二十六年十月二十二日和解成立）

高松市内の聴覚障害者が、子どもの進学希望先の学校説明会への参加のために手話通訳者の派遣を要請したところ、派遣先が市外であることや、学校説明会への派遣の必要性が乏しいことを理由として却下されたことに対し、高松市を相手に提起した行政訴訟。法廷内において、原告に対する手話通訳はもとより、傍聴席に向けて手話通訳を用意するにあたって、裁判所と再三の交渉が行われた。

③車いす利用者の法廷傍聴

これまで、車いす利用者を原告とする訴訟は数多く提起されているところであるが、そのたびに車いす利用者の傍聴の可否につき、原告側が裁判所と交渉する必要に迫られる。裁判所の規模や設備にもよるが、備え付けの車いすスペースは若干の台数分しか確保されていないことから、一〇名前後の車いすの傍聴希望者がいる場合には、車いすから座席への移乗を求められたり、法廷の外で待つように言われたりすることもある。

（二）刑事訴訟

上記のような配慮は当然刑事訴訟においても必要とされる。さらに、刑事訴訟の場合、訴訟の当事者である被告人は、結論次第で「犯罪をした者」という認定を受け、前科を背負うことになる。このため、障害を理由として、障害のない者よりも不利な結論となることのないように、さらに積極的な合理的配慮の提供が必要となる。

障害のある人が被告人となった場合、とりわけコミュニケーションに関する障害、知的能力の障害に対しては、丁寧な合理的配慮が必要である。例えば、被告人の権利の中核をなすのは黙秘権であるが、知的能力の障害に配慮せず、通り一遍の説明のみであったために、障害のある被告人が、きちんと黙秘権の意味するところを理解できないまま裁判が進行すれば、刑事裁判の大前提が崩れることになる。また、障害のある被告人の言い分を判断者（裁判官や裁判員など）が正確に受領するためには、障害特性に応じた丁寧なコミュニケーションが必要となる。

この点、裁判所対応要領は、合理的配慮の提供に際しての「現に社会的障壁を必要とする旨の意思の表明」につき、意思の表明が困難な障害者の場合であって、社会的障壁の除去が必要であることが明白である場合は、法の趣旨に従って、必要とされる合理的配慮の提案などを試みるよう努めるように、との説明をするにとどまる。これは、障害者差別解消法基本方針と同じ説明である。しかし、その身柄を拘束され、周囲に日常から慣れ親しんだ支援者が付き添っているわけではない特殊な状況の中で、障害のある人に適切な社会的障壁の除去に向けた意思表明はおよそ期待し難い。平時よりもなお一層、コミュニケーションに関する積極的かつ丁寧な合理的配慮の提供が必要である旨、他の対応要領とは異なる表現で明記すべきであろう。

4　各種訴訟法・訴訟規則への明記

原告・被告あるいは被告人本人に対する情報保障については、裁判を受ける権利に直接かかわるものであるにもかかわらず、担当裁判官によって柔軟性に大きな差を感じるところである。担当者によって保障されたりされなかったりするものは人権ではない。

現在は、職員対応要領の中でのみ、障害を理由とする差別に対する対応が定められているが、これはあくまでも裁判所職員にあてたルールであり、違反行為があっても職員が懲戒処分を受けるだけで、対応要領に記載された通りの対応を、障害のある人から直接請求できることにはならない。このため、対応要領にとどまらず、最終的には民事訴訟法・刑事訴訟法や、同規則の中で障害を理由とする差別的な訴訟指揮や運用をただす規定を明記する必要がある。

三　文部科学省対応指針

崔　栄繁

1　はじめに

文部科学省（以下、文科省）の障害者差別解消法対応指針は、二〇一五年六月から四回にわたって開催された「障害者差別解消法の実施に関する調査研究協力者会議」（以下、調査研究協力者会議）によって骨格が固められ、同年七月終盤の内閣府主催の団体ヒアリング、同年八月から九月にかけてのパブリックコメント、自民党・公明党による団体ヒアリングなどを経て確定されたものだ。調査研究協力者会議は教育関係者、障害者団体や障害当事者で構成されていた。

この対応指針の対象分野は私立の学校や文化・スポーツ関連機関などであるが、それ以外の国公立の学校や地域の教育委員会などにも大きな影響を与えている。いうまでもなく文科省は障害関連主要省庁の一つであり、ある意味では丁寧に作り上げたともいえる。ＤＰＩ日本会議としてもヒアリングへの出席のほかに文書による意見書を作成し提出しており、私たちの意見で重要であると思われる点も取り入れられている。

しかし、調査研究協力者会議には国際人権法や差別法理に精通した障害法学関係者がおらず、障害者権利条約の解釈の面などまだ多くの課題を残している。特に障害者権利条約第二十四条の教育条項については、国連障害者権利委員会より「一般的意見四」（General Comment No.4）（注）というガイドラインが権威ある文書として作成されている。語句の定義や国の義務について様々なことが書かれているため、これも参考にすべきであろう。

ここでは、文科省対応指針の構成、評価できる点、課題を整理し、改正への提言を述べることにする。

2　対応指針の構成

文科省の対応指針は本紙第1から第5、不当な差別的取扱いや合理的配慮の具体例が記載された別紙1、「分野別の留意点」として別紙2で構成されている。別紙2の分野別というのは学校教育分野とスポーツ・芸術分野に大きく分けられ、学校教育分野の中で初等中等教育段階と高等教育段階に分けられているのが特徴である。

本紙第1の「趣旨」では、差別解消法制定の経緯や法の基本的、対応指針の位置付け、留意点が記載されている。第2では「障害を理由とする不当な差別的取扱い及び合理的配慮の具体例」が項目のみ記載されており、具体例については後述する別紙に記載されている。第3「関係事業者における相談体制の整備」では、相談時の配慮として、「対面のほか、電話、ファックス、電子メールなど、障害特性や事業者の業務・事務特性、ビジネスモデル等に応じた多様な手段」の確保について規定されているほか、相談事例の蓄積と活用についても触れられている。

第4「関係事業者における研修・啓発」では、事業者への研修・啓発にあたって外見から判別困難な障害を含めて多様な障害者に対応できる内容になるような配慮を必要としている点が、他省庁ではあまり見られない特徴的な記載の一つとして挙げられる。そのほか、研修企画にあたっての工夫や既存の外部研修等の活用、接遇に関連する資格の取得奨励等、効果的な研修を行うよう具体的に記載している点も特徴的である。第5「文科省所管事業分野に係る相談窓口」では事業者からの照会・相談窓口と障害者等からの相談窓口について記載している。

3　対応指針で評価できる点

第1の「趣旨」では、差別解消法制定の経緯や法の基本的、対応指針の位置付け、留意点が記載されている。留意点の内容について、民間事業者が提供義務ではないとして合理的配慮を提供しない場合でも行政指導が入る可能性について触れている。これは文科省の対応指針が初めて挿入した点であり、評価できる点である（三頁）。

第2「不当な差別的取扱い及び合理的配慮の基本的な

考え方」では、基本方針の内容が記載されているが、基本方針の内容に加えて、差別的な行為や合理的配慮を提供しなくてもよいことを正当化する「正当な理由」と「過重な負担」についての重要な記述がされている。まず不当な差別的取扱いの正当化事由である「正当な理由」について、正当な理由の判断の視点(指針四頁)で「個別の事案ごとに具体的場面や状況に応じた検討を行うことなく、抽象的に事故の危惧がある、危険が想定されるなどの一般的・抽象的な理由に基づいて、障害者を不利に扱うことは、(中略)法の趣旨を損なうため適当ではない」という文言が記載されている。この「正当な理由」や「過重な負担」について拡大解釈にくぎを刺す文章の挿入はＤＰＩ日本会議が一番こだわった部分であり、厚生労働省の対応指針と共に文科省の指針でも反映された。この点は高く評価できる。また合理的配慮の過重な負担についても「過重な負担の基本的考え方」で先ほど紹介した「正当な理由」の基本的な考え方で書かれている趣旨同様「事案ごとに具体的場面や状況に応じた検討行うことなく(中略)過重な負担に当たると判断することは法の趣旨を損なうため、適当ではないこと」と書かれている(指針七頁)。この部分も同様に高く評価できる。

第３「障害を理由とする不当な差別的取扱い及び合理的配慮の具体例」では、不当な差別的取扱いの事例で学校生活や校外教育活動への参加を拒んだり、拒まない代わりに条件付けをすることが挙げられている。

4　主な課題

(一)事例について

①不当な差別的取扱いとして例示すべき事例

実際に寄せられた事例として、障害を理由に近所の幼稚園への就園を拒否されて、希望していない保育園に行かざるを得なかったり、小学校の入学相談で「障害があるから」という理由で地元の学校に就学できなかったという事例があり、以下のような差別事例を入れるべきである。

・障害があるという理由のみで地域の学校への入学を拒否するなど、学校(幼稚園も含む)の入学・進級時等において拒否、強制、制限をすること。

・障害を理由に、地域の学校に通うことを希望する保護者や児童生徒本人に、特別支援学級への就学を条件とすること。

・スポーツ、文化活動に関連して、障害を理由にスポーツセンターの利用やカルチャーセンターの受講、宿坊の宿泊を断ること。

②合理的配慮の不提供について

試験を受けるために必要な合理的配慮が提供されない、あるいは合理的配慮が提供できないとして受験などを拒否することが差別に当たることを明記すべきである。例えば以下のような事例である。

・障害のある児童生徒が幼稚園や普通学級に入園・入学するにあたり、合理的配慮を尽くさず、合理的配慮の提供が不可能であるという証明ができない場合でも、入園・入学を拒否する。

③合理的配慮に当たり得る配慮の具体例

現在の対応指針の事例には、受験や学校生活、校外教育活動において、障害のある児童生徒と障害のない児童生徒が共に学ぶこと、共に活動することについての合理的配慮の事例をもう少し意識して例示すべきと考える。

以下の事例は実際にＤＰＩ日本会議に寄せられた事例であり、インクルーシブ教育の実施の観点から、対応指針に事例として記述すべきである。

【物理環境への配慮や人的支援の配慮の具体例】

・医療的ケアが必要な児童生徒について、看護師が同室で待機し、本人が希望する介助者が質問を読み上げて本人の表情を読み取るなどの工夫をする

・試験に際して知的障害のある児童及び生徒への問題文の代読者を用意する。

・運動会や体育祭について、車いすを利用し自力で動くことが困難な児童生徒が障害のない児童生徒と一緒に参加することができるようにするための工夫をすること。例えば徒競走に教職員や支援員などが車いすを押して参加させるなど。

【意思疎通の配慮の具体例】

・聴覚障害がありプールのときに補聴器を外すので、笛の代わりに旗を振ったり、ホワイトボードに先生が話した内容を書くなどの工夫

【ルール・慣行の柔軟な変更の具体例】

・肢体不自由のある児童生徒など、筆記が困難な者のパソコンを用いた受験を実施したり、発達障害で書字に困難があるため試験でのワープロでの回答を認める。

・知的障害のある子どもに対して、試験の解答形式を○×式に変更する。

・通常教室で障害のある児童生徒もない児童生徒と一緒に学ぶことができるように、障害に応じた教材や試験問題等、当該児童生徒の到達度を図る工夫など、評価方法を工夫する。

・視覚認知への障害の配慮として、問題と解答の記入箇所の対応がすぐに認識できるよう色分けを行うなど、試験用紙、答案用紙を工夫する。

・特別活動や学外実習、資格試験等について、例えば、修学旅行について、旅行会社などと連携し、リフト付きバス等移動の手段、車いす用トイレのあるホテルの確保等、障害のない児童生徒、学生と同じように参加させる工夫をすること。

・カルチャーセンター・予備校などでの障害者に対して、例えば教室の変更を行うなどの配慮や教材や学習資料を事前に配布する。

(二)合理的配慮の性質について

ここで指摘する点は障害者差別解消法の目的(第一条)や障害者権利条約の解釈にもかかわる大変重要な点である。障害者差別解消法がどのような社会を目指しているのか、障害者権利条約が求めるインクルーシブ教育とは何か、をもっと明確にし合理的配慮の性質などをしっかり整理すべきである。文科省の指針では、合理的配慮の性質について、「合理的配慮の性質について」〔別紙2 一三頁「2初等中等教育段階(1)合理的配慮に関する留意点 エ」〕で以下のように述べている

「エ 合理的配慮は、障害者がその能力を可能な最大限度まで発達させ、自由な社会に効果的に参加することを可能とするとの目的の下、障害のある者と障害のない者が共に学ぶ仕組みであるインクルーシブ教育システムの理念に照らし、その障害のある幼児、児童及び生徒が十分な教育が受けられるために提供できているかという

観点から評価することが重要である。（以下略）」

合理的配慮とはそもそも実質的な機会の平等を図るための法的概念である。「分離は平等待遇ではない」というアメリカの公民権運動やその成果としてできた公民権法で生まれた概念である。そしてこれは障害者の人権を実質的に保障するために障害者権利条約にも取り入れられたものである。

「その能力を可能な最大限度まで発達させ」は、障害者権利条約第二十四条第1項〝教育の目的〟に記載されている文言である。しかし第二十四条は、第1項の教育の目的を達成するために、第2項の規定を確保するという構造になっているのである。第2項には、生活している地域における質の高いインクルーシブ教育やフル・インクルージョンという目的に則した個別の支援など、障害のある児童生徒と障害のない児童生徒が共に学ぶ方向性を明確に位置付けている。よって、第2項の趣旨を入れずに第1項のみを取り上げるのは権利条約の理念や規定がきちんと反映されていないことになる。

先ほど挙げた「一般的意見四」にある合理的配慮（抜粋、要約）を見てみよう。

○パラグラフ 30：合理的配慮の配慮として、教室の場所の変更、異なる教室内コミュニケーション形式の提供、通訳者の派遣、支援技術の使用許可のほか、代替評価手段の使用、カリキュラムの要素を別の者に差し替えるなどの非物理的な配慮の提供も検討されるべき。合理的配慮の提供は機能障害の医学的診断を条件とするのではなく、教育を阻む社会的障壁の評価に基づくべき。

○パラグラフ 33：第二十四条 (2) (e)、個別支援とフル・インクルージョンについて、個別化された支援が直接提供され、個別教育計画提供が必要。個別教育計画では学習者が経験する分離型の教育環境から通常の教育環境への移行や、教育段階の中での移行に取り組まなければならない。

○パラグラフ 34：提供されるすべての支援方法について、インクルージョンを目標に提供されなければならず、教室や校外活動では同級生から隔てられずに一緒に参加できるよう機会を強化することを目的とすべき。

パラグラフ34でも述べられている通り、合理的配慮を含むすべての支援は障害のある子どもとない子どもが共に学ぶ機会を強化することが目的、とされているのである。障害者権利条約の監視機関である障害者権利委員会も、締約国各国との「建設的対話」を経て出される当該国への総括所見では、条約批准後に障害のある児童生徒がどの教室や学校で学んでいるのか、普通学級で学ぶ子どもが増えているか、重大な関心を持っている。よって、以下のような修正が必要であると考える。

【提案】太字傍線部を追加

「エ　合理的配慮は、その障害のある幼児児童生徒が障害のある幼児児童生徒もない幼児児童生徒も**共に学びながら**、その能力を可能な最大限度まで発達させるための十分な教育が受けられるために、提供できているかという観点から評価することが重要である。（以下省略）」

(三)障害の早期発見・早期支援について

障害の早期発見・早期支援について（別紙2、一三頁）、「2　初等中等教育段階（1）合理的配慮に関する留意点」の最後の〝なお〟以降に以下のように記載されている。

「なお、学校教育分野において、（中略）障害の早期発見・早期支援の必要性及びインクルーシブ教育システムの理念に鑑み、特に幼児教育段階や小学校入学時点において、意思の表明の有無に関わらず、幼児及び児童に対して適切と思われる支援を検討するため、幼児及び児童の障害の状態等の把握に努めることが望ましい。（以下略）」

残念ながら現状では、障害の早期発見・早期支援の結果、保護者や本人には特別支援学校や特別支援学級の情報に偏りがちであり、事実上、特に保護者は普通学校普通学級を選びにくくなっている。障害者権利条約や障害者基本法の理念、差別解消法の目的であるインクルージョンの方向性を明示する形とすべきであると考える。

【提案】太字傍線部を追加

「なお、学校教育分野において、（中略）障害の早期発見・早期支援の必要性（中略）に鑑み、特に幼児教育段階や小学校入学時点においては、意思の表明の有無に関わらず、幼児及び児童に対して**障害のない幼児及び児童と共に教育を受けるために**適切と思われる支援を提案するため、幼児及び児童の障害の状態等の把握に努めることが望ましい。（以下略）」

注　二〇一七年九月現在、障害者権利条約条文についての一般的意見は五つ。国連のURLは以下。
http://www.ohchr.org/EN/hrbodies/CRPD/Pages/GC.aspx。
日本語訳は↓
http://www.dinf.ne.jp/doc/japanese/rights/rightafter/crpd_gc4_2016_inclusive_education.html

北村佳那子さんと友達の中嶋さん：北村佳那子さんは医療的ケアの必要な重度の重複障害者です。大阪の普通学校で小・中・高と学び、５年間大学の聴講生として通いました。現在はグループホームで生活しながら「いのち」・「共に学び・共に生きてきたこと」などの講演活動、市民活動を支援者とともに行っています。彼女と活動を共にするのが「チームかなこ」。佳那子さんが地域で、自然にしなやかに生きる姿に触れ、活動しようと集まった彼女と仲間たちの集団で、2010年から活動を始めました。

写真は小さいときから一緒に学び育った友達である中嶋さんとの小学校時代の写真（真ん中で立っている白帽子の女の子が中嶋さん）と、20年後の中嶋さんの結婚式の写真です。今も友達です。学校は社会の縮図、インクルーシブ教育はインクルーシブ社会の土台です。

四　厚生労働省対応指針

田丸敬一朗

1　はじめに

厚生労働省の対応指針は、厚生労働省が所管する事業者別に、「福祉事業者向け」、「医療関係事業者向け」、「衛生事業者向け」、「社会保険労務士の業務を行う事業者向け」の四つのガイドラインが作成されている。

厚生労働省の対応指針が他の省庁と比べて特徴的なのは、策定の意義が明記されていること、差別解消法と障害者権利条約の関係性などの歴史的経緯を踏まえて作成されていること、他の関係法令（身体障害者補助犬法など）にも言及していること、権利擁護の視点が入っていること、「ですます」調で読み手にわかりやすいものになっていることである。

2　対象範囲等

・**福祉事業者**　「社会福祉法第二条に規定する社会福祉事業その他の福祉分野に関わる事業を行う事業者」であり、生活保護関係事業、児童福祉、母子福祉関係事業、老人福祉関係事業、障害福祉関係事業、隣保事業、福祉サービス利用援助事業等

・**医療関係事業者**　「医療法第一条の2に規定する医療提供施設（介護老人保健施設等を除く。）の運営事業や、その他の医療分野に関わる事業を行う事業者」で、病院、診療所、助産所、調剤を実施する薬局等

・**衛生事業者**　「生活衛生関係営業の運営の適正化及び振興に関する法律二条第1項各号に掲げる営業を営む者、水道法第六条第1項の認可を受けて水道事業を経

営する者、同法第二十六条の認可を受けて水道用水供給事業を経営する者及び同法第十六条の二第1項により水道事業者からの指定を受けた給水装置工事事業者」であり、食品衛生法の規定により許可を受けて営む営業のうち飲食店営業、喫茶店営業、食肉販売業及び氷雪販売業。さらに、興行場法に規定する興行場営業のうち映画、演劇又は演芸に係るもの。上記に加えて、理容業、美容業、旅館業、浴場業、クリーニング業、水道事業、水道用水供給事業、水道法の規定により水道事業者からの指定を受けた給水装置工事事業者。

厚生労働省の所管事業(特に衛生事業)については、業種別の区分が難しく、上記にあるように個人の喫茶店は厚生労働省が監督省庁となるが、例えば大型チェーンのレストランは農林水産省との共同所管となっており、境界線があいまいなため、判断に迷った際には、まず内閣府の相談窓口に確認することが必要だ。

なお、事業者とは、営利・非営利、個人・法人を問わず、上記の事業を反復・継続して行う意思をもっているものであり、個人事業者や対価を得ない無報酬の事業を行う者、非営利事業を行う社会福祉法人や特定非営利活動法人も対象とされている。

また、雇用や労働における障害者差別については、障害者雇用促進法が所管となり、差別などの詳細については、同法の障害者差別禁止指針や合理的配慮指針に規定されている。

3　対応指針の内容

「福祉事業者向け」、「社会保険労務士の業務を行う事業者向け」、「医療関係事業者向け」、「衛生事業者向け」の四つのガイドラインの構成はほぼ同じで、福祉事業者向けでは「第1　趣旨」に、障害者差別解消法制定の経緯(歴史的経緯と障害者権利条約との関連・意義)、対象となる障害者、障害を理由とする差別の解消の推進に関する基本方針、各分野における対応指針が記載されている。

「第2　障害を理由とする不当な差別的取扱い及び合理的配慮の基本的な考え方」では、不当な差別的取扱いについて、不当な差別的取扱いの基本的考え方、正当な理由の判断の視点、合理的配慮の基本的な考え方、過重な負担の基本的な考え方について書かれている。

「第３　障害を理由とする不当な差別的取扱い及び合理的配慮の例」では、差別や合理的配慮について具体的な例示をしており、⑴不当な差別的取扱いと考えられる例、⑵合理的配慮と考えられる例、⑶障害特性に応じた対応について、に分けて書かれている。

「対象となる障害者」や「合理的配慮の過重な負担」「障害特性に応じた対応」については書きぶり、内容などに課題があるため、後述の項目で改めて述べることとする。

対応指針は以下、「第４　事業者における相談体制の整備」「第５　事業者における研修・啓発」「第６　国の行政機関における相談窓口」「第７　主務大臣による行政措置」で構成されている。

そして「おわりに」では、各事業者の目指すべきこれからの考え方の方向性、日本が実現すべき社会のありよう、差別解消法に対する国民がとるべきスタンス＝「法に定められたから義務としてやるという姿勢ではなく、事業者や障害者が歩み寄り理解を深めていく」ことについて明記されている。

4　対応指針の評価できる点・改善が求められる点

（一）評価できる点

・複合差別への言及

対応指針には、女性障害者は障害者であることに加えて女性であるという複合的な困難があることに留意する、という旨の記述があり、これは障害者差別解消法には規定されておらず、一歩踏み込んだものといえる（女性障害者の複合差別については、九一頁「コラム３　複合差別・交差差別」を参考のこと）。象徴的なものとして、ドメスティックバイオレンスの被害に遭った女性障害者がシェルターで、障害があることを理由に受け入れを拒否されたという事例が、ＤＰＩ女性障害者ネットワークが行った調査で実際に報告されている。この観点からも、対応指針に複合差別の記述があることは重要である。

・「不当な差別的取扱い」や「合理的配慮の不提供」の正当な理由への条件付け

これまで、「車いす利用者は危ないかもしれないから入店できません」「視覚障害者は、何かあったら困るので利用できません」といった拒否・制限・変更が、事業者の偏見・根拠のない判断により横行してきた。対応指針では、拒否・制限・変更を正当化する際にはそれが「客観的に見て正当な目的」に該当することが条件とされている。「危ないかもしれないから」「何かあったら困る」などの抽象的な言葉は、客観的な理由とは言えないため、不当な差別的取扱いに当たることとなる。

・合理的配慮の提供義務

「意思の表明」の項目において、合理的配慮の提供義務は本来、障害者の意思の表明を受けて行うものとしつつ、と記述した上で、多様なニーズへの配慮を呼び掛けている。また、合理的配慮と環境整備との関係についても明記し(注:社会保険労務士向けには記述なし)、環境や情報のアクセス向上(事前的改善措置)の促進を促し、ハード面にとどまらず、職員研修を含むソフト面の対応の重要性についても述べている。

・強制入所は差別と明記

福祉事業者向け対応指針では、本人が施設への入所を希望していないにもかかわらず、施設などへ入所させることは差別にあたると明記しており、一般的にも、障害者は施設にという考え方が存在している。しかし、現在も多くの障害者が本人の望むと望まぬとかにかかわらず施設に入所している。DPI日本会議はこれまで、たとえどんな重度の障害があっても地域で暮らすことができる仕組みを作るべきだと訴えてきた。障害の有無によって分け隔てられない社会を実現するためにも、上記の内容は大きな意味をもつものであり、指針策定の段階から、この事例が削られることのないよう、働きかけを行った。

(二)改善が求められる点

・「過重な負担」の解釈

合理的配慮の項の「過重な負担の基本的な考え方」について、障害者団体は「過重な負担」を事業者側が拡大解釈して、事業者側が代替措置・対案の検討を怠ったり、建設的対話を拒んだりすることは適切ではない、としてきた。建設的対話を通じて柔軟な措置を講ずるべき、などかった。

の記述を加えるよう求めてきたが、これは実現されな

・「障害者」の定義と障害理解

福祉事業者向け、医療事業者向け、衛生事業者向けのガイドラインには、「障害特性に応じた対応について」という項目が設けられている。ここでは、視覚障害、聴覚障害、肢体不自由、知的障害、精神障害、内部障害等、各障害の「主な特性」と、「主な対応」が書かれている。しかし本来、この対応指針にも書かれているように、障害者差別解消法において対象となる障害者は、「障害及び社会的障壁により継続的に日常生活又は社会生活に相当な制限を受ける状態にあるもの」であり、機能障害にとどまるものではない。

障害特性について一定の理解は必要かもしれないが、この短いガイドラインの中で記述してしまうことで、特性や対応が限定されてしまう恐れがある。

重要なのは、個別の障害を理解するのではなく、障害の「社会モデル」の理解、個々のニーズへの対応方法、合理的配慮の提供のための建設的対話に必要なこと等を学ぶための研修機会の提供等、障害者団体との連携を充実させることである。

・相談体制・研修・啓発に障害当事者が不在

「事業者における相談体制の整備」、「事業者における研修・啓発」の中には、残念ながら障害者団体との連携・障害当事者の相談員の配置等は明記されていない。差別は、障害に関する知識・理解の不足、意識の偏りなどにより引き起こされることが大きい。その解消のためには、障害当事者団体と連携した相談体制・研修・啓発の実施が不可欠である。

5　今後に向けて

厚生労働省の監督する事業所には、私たちが日常生活で利用する様々な事業者が含まれている。また、特に福祉分野や医療分野においては、障害者と頻繁に接することのある事業者が多く存在している。

現在の対応指針では、不当な差別的取扱い・合理的配慮の提供の例示において、あまり具体的な内容が見られ

ない。そこで、相談窓口に実際に寄せられた事例の収集とプライバシーに配慮した形での公表の充実を図る必要がある。

特に、合理的配慮の提供については必要かつ適当な変更が適宜求められるものであり、事業者・障害者双方の条件などによっても異なり、簡単にマニュアル化することができないため、様々な事例を収集することが求められる。

障害のある人もない人も同じように暮らせる共生社会の実現のためには、差別で分断された対立構造ではなく、建設的対話という相互理解を軸にすることが重要である。

五　経済産業省対応指針

今村　登
（ＤＰＩ日本会議 事務局次長・自立生活センターＳＴＥＰえどがわ 理事長）

１　経済産業省対応指針の構成と特徴

経済産業省（以下、経産省）の対応要領は、「第１：趣旨」から「第５：所管事業分野における相談窓口」及び別紙による「障害を理由とする不当な差別的取扱い及び合理的配慮の具体例」という構成まで、法律全体の所轄官庁である内閣府が最初に示した対応指針をほとんど踏襲したものとなっており（内閣府の対応指針は「第５：その他」が設けられている）、厚労省や国交省のような事業分野別に示すというような独自性のある構成とはなっていない。そのため、無難なものにはなっているが、ベースとなった内閣府の対応指針と比較してみると、数カ所削除された文章があることに気がつく。

まず、内閣府の対応指針では、第１－１で障害者差別解消法の制定の経緯が説明され、第１－２「法の基本的な考え方」の(1)で法の対象者、(2)で法の対象分野、(3)で事前的改善措置（環境の整備）実施に努めることが説明されているのだが、この(3)の事前的改善措置（環境の整備）に努めることが、経産省の対応指針ではごっそり削られている。

事前的改善措置（環境の整備）は、国交省管轄であるバリアフリー法によるところが大きく、紛らわしくなることを避けるために削除したのかもしれない。しかし、経産省の管轄する業種からすると、百貨店、デパート、モールのような大規模店舗、テーマパーク、スポーツクラブ、カルチャー教室、映画館、競技場、ゴルフ場、プール、大規模イベントなどといった不特定多数の利用客が来場する施設が含まれることから、努力義務とはいえ経営に影響を及ぼすことを懸念して、削除したのではないかと勘ぐってしまいそうになる。理由は分からないが、内閣府の対応指針をほぼ一〇〇%近く書き写した中で、この部分だけごっそり削っていることは大きな問題であり、次の法律の見直しの際には、事前的改善措置（環境の整備）への取組みについて、もう少し踏み込んだ書きぶりにすべきである。

続いて、「第3：事業者における相談体制の整備」では、「相談時には、性別、年齢、状態等に配慮するとともに、対面のほか、電話、ファックス、電子メール、また、障害者が他人とコミュニケーションを図る際に必要となる多様な手段を、可能な範囲で用意して対応することが望ましい。さらに、実際の相談事例については、相談者のプライバシーに配慮しつつ順次蓄積し、以後の合理的配慮の提供等に活用することが望ましい」の文章から「性別、年齢、状態等に配慮するとともに」の箇所が削除され、「障害者が他人とコミュニケーションを図る際に必要となる多様な手段」の箇所は「障害の特性に応じた多様な手段」に書き換わっている。これによって障害者にとって明らかに不利になるということはないだろうが、コミュニケーション方法に配慮する必要性が相談を受ける際に最も必要なことではないかと思われ、それを障害の特性に応じたという表現に変えることで、いささか焦点がぼやけてしまっている。

一方、「第4：事業者における研修・啓発」の説明では、内閣府が「理解の促進を図ることが重要である」でとどまっていた箇所が、経産省では「理解の促進に努めるものとする」となっており、一歩踏み込んだ積極性がうかがえる。

加えて、これは各省庁とも共通だが、「所管事業分野における相談窓口」という項目で担当部署名が明記されているが、電話、ファックス、電子メールといった具体的な連絡手段は未表示であるため、実際の相談（問い合わせ）までの敷居が高い。変更もありえるのだろうが、何日現在という注意書きの上で連絡先の表示の必要性は高い。

2　別紙「障害を理由とする不当な差別的取扱い及び合理的配慮の具体例」の功罪

この別紙による具体例も、そのほとんどが内閣府のものを踏襲しているが、ここでも削除されているものと、コミュニ経産省が所管する業種に合わせたであろうものとがある。良かれと思っての提示かもしれないが、それがかえって逆効果ではないかと思われるものがいくつかある。

「意思疎通の配慮の具体例」(内閣府)にある「筆談、要約筆記、読み上げ、手話、点字など多様なコミュニケーション、分かりやすい表現を使って説明するなどの意思疎通の配慮を行うこと。」と、「情報保障の観点から、見えにくさに応じた情報の提供(聞くことで内容が理解できる説明・資料や、拡大コピー、拡大文字又は点字を用いた資料、遠くのものや動きの速いものなど触ることができないものを確認できる模型や写真等の提供等)、聞こえにくさに応じた視覚的な情報の提供、見えにくさと聞こえにくさの両方がある場合に応じた情報の提供(手のひらに文字を書いて伝える等)、知的障害に配慮した情報の提供(伝える内容の要点を筆記する、漢字にルビを振る、なじみのない外来語は避ける等)を行うこと。その際、各媒体間でページ番号等が異なり得ることに留意して使用すること」は、経産省のものになると「筆談、読み上げ、手話、手書き文字(手のひらに文字を書いて伝える方法)等のコミュニケーション手段を用いる」と、かなり省略された例示になっている。特に「要約筆記」と「点字」と「多様なコミュニケーション」が削除されていることは、それによってこれらを提供しなくても良いということにはならないにしても、わざわざ削除しなくても良いのではないかと思う。

また、経産省が追加した事例で、「店舗において障害者と話す際は、相手と一m位の距離で、相手の正面をむいて、顔(口)の動きが見えるように話す」は、口話のできる聴覚障害者への配慮と想像するが、障害者すべてに対応するのではなく、人によっては失礼になりかねない。

「ルール・慣行の柔軟な変更の具体例」で経産省のオリジナル事例として追加されている「展示会等開催時の入退場に支障が生じるような場合には、一般入場口とは別に専用口を設ける」は、あくまでケースバイケースであり、基本は障害の人と同じルート、手順で問題なく入退場できる配慮、工夫、環境整備が求められる。しかしこれだけの例示だと一般客とは別な対応が常套化しかねないので補足が必要である。

3　所管省庁が複数にわたるケースの対処が課題

経産省が所管する業種で、一般市民が日常生活で影響を受けやすい主なものは、先述のとおり、百貨店、テーマパーク、競技場等の運営や、それらを活用したイベント(興行)など、大規模かつ不特定多数の利用者が入退場する事業が多い。そもそも建築物の設計については国交省のバリアフリー法によるところが大きい。そのため、例えばバリアフリー法に基づいて(違反せず)建てられた競技場(○○アリーナ)でコンサートを行うとなった場合、車いす席スペースが一カ所のみで、しかもチケット代が高額なS席のエリアのみという場合がよくある。

これは本来、バリアフリー法(国交省)の基準が、差別解消の観点からすると不十分であるという問題がベースに存在している。この場合、差別を解消するという観点からは、コンサートの主催者側が競技場運営会社に交渉して、他のエリアの座席を取り外して車いす席を確保するか、仮設のエリアを作るなどの対応が望ましい。建物のバリアフリー基準は国土交通省所管のバリアフリー法によるものである一方、競技場の運営とコンサートの主催・遂行は経産省管轄であるので、エレベーターやトイレのサイズ、配置、数、もしくは動線の不具合といった建物自体の不備(法律違反ではない)を、現在の経産省の対応指針で主催者側が気づくのかがポイントとなる。また気がついたとしても、どれだけ補えるのか(補おうとするか)も重要になってくる。この他、介助者(同伴者)は車いす席の後ろで観ることとされ、座席の選択肢がないにもかかわらず介助者も同額のチケット代が設定されているなど、介助者(同伴者)への配慮に欠けた対応がルール化・慣行化しているケースも少なくない。

二〇二〇年の東京オリンピック・パラリンピックを契機に、バリアフリー法のガイドラインの見直しが進むとともに、バリアフリー法自体の改正も言われ始めているが、それを後押しするためにも障害者差別解消法においても、新築・改築・新規導入の際には事前的改善措置(環境の整備)の義務化を求めたい。更に、より具体的事例に基づいた事業種別の対応指針の作成も必要である。そして、やはり行政及び事業者への普及啓発活動に、障害当事者の参画する仕組みづくりも必要であろう。

六　国土交通省対応指針

佐藤　聡
（DPI日本会議 事務局長）

1　はじめに～丁寧な意見反映～

国土交通省（以下、国交省）は、対応要領・対応指針の策定を非常に丁寧に行った。障害者団体と事業者団体それぞれ一〇団体以上で構成される「障害者差別解消にかかる意見交換会」を四月に立ち上げ、七月末まで三回開催し議論した。初回は対応指針の構成について議論し、五月には第一次素案を示し、構成団体からの意見を求め、それを第二次案に反映させ、さらに意見を求めて第三次案に反映させていく。このやり取りを七月末まで合計四回行った。他の省庁はヒアリング一回のみというところがほとんどだったことを考えると、四回という意見反映は非常に丁寧な取組みだといえる。

さらに、パブリックコメント（以下、パブコメ）では、国交省対応指針への意見は六四七件と全省庁で一番多かった。二番目に多い文部科学省は四三四件だったので、公共交通、不動産といった生活に密着した分野を所轄する省庁ということもあり、関心の高さが現れている。

特筆すべきはパブコメを受けて四八カ所も修正したことである。文科省の修正は六カ所、内閣府は一四カ所と比べると、格段に多いということがわかる。意見交換会からパブコメまで丁寧な意見反映を行った。

2　国交省対応指針の構成と特徴

国交省の対応指針は、六条からなる本文と、具体例を記した一〇分野の別紙で構成されている。

本文は、「一　趣旨」、「二　障害を理由とする不当な差別的取扱い及び合理的配慮の基本的な考え方」、「三　障害を理由とする不当な差別的取扱い及び合理的配慮の具体例」、「四　事業者における相談体制の整備」、「五　事業者における研修・啓発」、「六　国交省における相談窓口」、という構成で、他の省庁の対応指針と概ね共通した内容なので、ここでは説明は省く。

特徴的なのは別紙である。国交省は所轄の範囲が広いため、主な一〇分野に分けて具体例が記されている。一〇分野とは、不動産業関係、設計等業関係、鉄道事業関係、一般乗合旅客自動車運送業関係(バス)、一般乗用旅客自動車運送業関係(タクシー)、対外旅客定期航路事業関係(船舶・海外)、国内旅客船業関係(船舶・国内)、航空輸送業関係、航空旅客ターミナル施設事業関係、旅行業関係である。それぞれの分野ごとに、差別的取扱いの具体例(①正当な理由がなく、不当な差別的取扱いにあたると想定される事例、②障害を理由としない、又は、正当な理由があるため、不当な差別的取扱いにあたらないと考えられる事例)、合理的配慮の提供の具体例(①多くの事業者にとって過重な負担とならず、積極的に提供を行うべきと考えられる事例、②過重な負担とならない場合に、提供することが望ましいと考えられる事例)の事例が記されている。具体例は他の省庁と比べて、より現実的なものが多いところも特徴である。

中身を見ていきたい。まずは、良い点をいくつかピックアップしてみる。

3　評価できるところ

(一)不当な差別的取扱いにあたると想定される事例

①不動産業関係

・宅建業者が、障害者に対して、「火災を起こす恐れがある」等の懸念を理由に、仲介を断る。

・宅建業者が、障害者に対し、障害を理由とした誓約書の提出を求める。

障害者が地域で生活するときの最初の壁は、アパートを貸してもらえないということである。障害を理由として明確に拒否されたり、何の説明もなく審査に落ちたりということを多くの障害者は体験している。これをなくすために様々な事例が挙げられている。特に上記二点が重要である。例えば、視覚障害者は「火事を起こす」という理由で拒否されることが非常に多い。視覚障害者は点火するときは手をかざして確認をするなど火の取扱いに細心の注意を払っており、火事を起こしやすいというのは全くの偏見である。対応指針の三頁(「正当な理由」の判断の視点)に書いてあるように、具体的な検討もなく、懸念という抽象的な概念だけでサービスの提供を拒否することは差別となる。

また、障害者に「誓約書」の提出を求める大家もいる。「障害があるために著しく入居にあたり危険があり、何か事故が起きたときに大家に一切の責任を負わない」という誓約書を書かされた事例もある。本来、賃貸契約は、障害のない人は、①支払い能力があるか(源泉徴収書等の所得証明の提出)、②ペットを飼わないなどの禁止事項を守ること(契約書に書いてある事項)の二つしか書類の提出は求められていない。障害者のみに誓約書の提出を求めるのは基本方針の不当な差別的取扱いで書かれている「障害者でない者に対しては付さない条件を付ける」にあたり、差別である。

② 鉄道事業関係

・障害があることのみをもって、乗車できる場所や時間帯を制限し、又は障害者でない者に対して付さない条件をつける。

DPI日本会議が集めた差別事例の中に、「車いすの人には、朝の通勤時間帯の利用はお断りしています」「二一時以降は車いすの人はお乗り頂けません」というものがあった。また、乗車スペースを「車いすの人はこのドアのところに乗ってください(車いすスペースではないところ)」というように限定されるという事例も多数あった。基本方針の不当な差別的取扱いに「提供に当たって場所・時間帯などを制限する」と明記されており、これらはいずれも差別になる。

③ 一般乗用旅客自動車運送業関係(タクシー)

・車いす使用者、白杖使用者等外見上障害者と認識して止まることなく、乗車を拒否する。又は障害者と認識した時点で、乗車を拒否する。

タクシーを拾おうと車いすの人が手を上げても、素通りされることは多い。タクシーの乗車拒否は日常茶飯事だ。これは差別であり、やってはいけないということを明確に示している。

④航空輸送業関係

・航空旅行に関して特段の支障等がない利用者に対し、診断書の提出を求める。

航空会社によっては、障害があると伝えると、一律に医師の診断書の提出を求めるところがある。障害は固定したものであり、多くの障害者は医療的なケアは必要ない。障害者＝医療的ケアの必要な人、というのは間違った認識である。

(二)合理的配慮の具体例　多くの事業者にとって過重な負担とならず、積極的に提供を行うべきと考えられる事例

①一般乗合旅客自動車運送業関係(バス)

・運賃支払いの手助けを必要とする障害者については、障害の特性に応じた配慮をする。

上肢に障害があるため財布からお金を出して支払うことができない障害者もいる。そういう人には、運転手さんが目の前で財布を開けて、支払いを手助けしてほしいのだが、「運転手はお金を触ってはいけないという内規があるのでできません」と言われたことがある。過去に運転手さんが料金を着服したことがあり、再発防止で内規を定めたということだった。再発防止策は大切だが、すべての人に厳格に適応するとバスに乗れない人がでてくる。様々な障害に配慮した手助けをするように求めている。

②旅行業関係

・障害があるということだけを理由として、障害の状況、ツアー(参加者を募集するパッケージツアー)の内容、介助者の同行の有無にかかわらず、一律に、ツアーへの参加を拒否したり、旅程の一部に制限を加える。

ツアーに申し込んだときに精神障害者だと伝えると、拒否されたという事例があった。特に介助や旅程の変更等も必要ないということを伝えたのが、それでも拒否された。これからは一律に拒否することは差別となる。

4　改正が必要なところ

国交省の対応指針は、障害者団体等の意見を多く反映したものになっているが、一部、良くない事例がある。下記四点は策定段階から何度も削除するように求め、パブコメでも削除を求める意見が多く寄せられたのだが、残念ながら残ってしまった。利用制限につながる項目である。今後、差別解消法をバージョンアップしていくためには、必ず削除してほしい。

(一)不当な差別的取扱いにあたらないと考えられる事例

①鉄道事業関係

・車いす等を使用して列車に乗車する場合、段差が存在し、係員が補助を行っても上下移動が困難等の理由により、利用可能駅・利用可能列車・利用可能時間等の必要最小限の利用条件を示す。

日本は駅の無人化が急速に広まっている。一日の乗降客が一万人の駅でも、駅員がいない所もある。単独乗降が可能な設備が整っていない駅が無人化したら、車いすの人が利用するときは、他の駅から人員配置をするため、事前連絡が必要になり、さらに待つ時間も長くなり、利用時間帯も制限されてしまう。こういったことを改善する施策が必要であり、上記のような記述を書いてしまうと、改善が止まってしまうのではないか。

・車いす等を使用して列車に乗車する場合、段差にスロープ板を渡す等乗降時の対応にかかる人員の手配や車いす座席の調整等で乗降に時間がかかる。

現在、多くの駅でホームと車両との間に段差と隙間があるため、車いすは単独で乗降ができない。そこで、駅員さんにスロープを持ってきてもらうのだが、降車駅の人員配置が整うまで乗車できない。多くの鉄道会社は、できるだけ待たさないように努力しているのだが、一部の鉄道会社は日常的に一五～三〇分くらい待たせている。待ち時間は鉄道会社によって大きく異なる。待たせるのは一部の鉄道会社だけであり、その会社だけ飛び抜けて長時間待たせていることに合理的理由はない。上記のような記述があっては、待たせることは差別的取扱いではなくなり、解消への取組みが進まなくなってしまう。

②一般乗合旅客自動車運送業関係（バス）

・車内が混雑していて車いすスペースが確保できない場合、車いす使用者に説明した上で、次の便への乗車をお願いする。

例えば、観光地等でいつもバスが混雑しているという路線がある。そういうところでは、始発以外のバス停では、何台待っても車いすでは乗れないという問題が起きている。海外では、混雑していたら車いすスペースにいる乗客を下ろして車椅子の人を乗せるという事例もある。日本では先に乗った人が優先されるという慣習があり、このようなことはないが、実態として車いすではほとんど乗れない路線ができており、果たしてこのままで良いのかという疑問が残る。

・車いすがバスに設置されている固定装置に対応していないため、転倒等により車いす利用者や他の乗客が怪我をする恐れがある場合は、乗車を遠慮してもらう場合がある。

当初は「ハンドル形電動車いす」と明記されていた。海外では電動車いすはジョイスティック形もハンドル形も同じように乗車できており、日本だけがハンドル形の乗車制限をしてきた。この項目を削除するように何度も求めた結果、ハンドル形という名称は削除されたが、新たに「固定装置に対応」という文言が入ってしまった。新たな排除につながる危険性がある。

5　バニラ・エア事件で見えた問題

二〇一七年六月五日に奄美空港でバニラ・エアの関西空港行きの便を利用した車いすの男性が、階段式のタラップを本人の腕の力のみで上らされるという事件が起きた。マスコミでも大きく報道され議論を呼んだのだが、問題の本質は三つある。

①バニラ・エア職員が「歩けない人は搭乗できない」と言った

歩けないという障害を理由に飛行機への搭乗を拒否したので、これは障害に基づく直接差別である。

②合理的配慮を提供しなかった

車いすの男性が搭乗できるようにするために、何らかの合理的配慮の提供（例えば、抱える等）が必要なのだが、何もしなかった。差別解消法では民間の事業者は合理的配慮は努力義務なので、提供しないことが即違法とはならないが、合理的配慮の提供に努めるように求められている。

③ 歩けない人も搭乗できるように環境整備をしていなかった

差別解消法第五条では「行政機関等及び事業者は、社会的障壁の除去の実施についての必要かつ合理的な配慮を的確に行うため、自ら設置する施設の構造の改善及び設備の整備、関係職員に対する研修その他の必要な環境の整備に努めなければならない」とし、環境整備を進めるように求めている。しかし、それを怠っていた。

事件を受けてバニラ・エアはアシストストレッチャー(座った状態で運ぶ担架)を六月十四日から、階段昇降機を六月二十九日から導入した。事件後すぐに導入したことからみると、過重な負担で配置不可能だったとは考えられない。

国交省はこの事件の後、所轄する一〇分野のすべての事業者に対し、「障害者差別解消法に基づく適切な対応の推進について」という通知を出した。直接的な障害を理由とした差別であるか否かを問わず法第八条第一項の不当な差別的取扱いを行わないこと、合理的配慮の提供に最大限努めること、環境整備を着実に取り組むことを求めた。さらに、自らの取組みや対応のあり方を再度検討し、必要な場合には内規の見直しや追加的な施設整備等を積極的に行うようにも求めている。

差別的取扱いをしていないか、合理的配慮の提供と環境整備を怠っていないか、内規を含めて見直すように求めたことは大きな取組みであった。

6 事例をもとにバージョンアップを!

「何が差別か」は固定したものでなく、時代とともに変わっていく。アメリカではかつて「分離すれども平等」として人種隔離政策をとっていた。しかし、一九五四年に同国の最高裁判所は「ブラウン判決」で公教育における人種分離を違法とし、一九六四年「公民権法」によって「分離すれども平等」から「分離は差別である」と定められたのである。日本でも、障害者差別解消法により、障害に基づく差別が禁止される時代がやってきた。法律施行以前は差別と認められなかったことが、法律によって明確に差別となり、やってはいけないことになったのである。

バニラ・エア事件後の対応を見てもわかるように、法律の効果ははっきりと現れている。現在の差別解消法は、差別の定義がない、合理的配慮の提供が民間は義務ではない、紛争解決の仕組みがないといった大きな課題が残っている。一つひとつの事例を基に提案し、それを積み重ねることによって「何が差別か」はバージョンアップされ、より実行力のある法律に育てていきたい。

七　金融庁対応指針

DPI日本会議 事務局次長・障害者の生活保障を要求する連絡会議 事務局次長
白井誠一朗

1　はじめに

金融庁の障害者差別解消法対応指針は、国が作成した基本方針の中で、対応指針に盛り込むべき事項として記載された項目がそのまま反映された構成となっている。

この対応指針の策定にあたっては、他の省庁と同様に事前に障害者団体や事業者団体からヒアリングの機会を設け、そこで受けた意見や要望を反映させたものをパブリックコメントにかけて広く意見聴取を行っている。DPI日本会議としてもヒアリングへの出席のほかに文書でも別途意見書を作成の上、金融庁と交渉を行った。こうした機会を通じて現行の対応指針が作成されたわけであるが、本稿ではこの策定過程で金融庁から示された解釈も踏まえて、現行の対応指針の課題を明らかにすることを通じて、今後の見直しに向けた提言をまとめたい。

2　対応指針の構成と概要

金融庁の対応指針は第1から第6までの項目と差別や合理的配慮の具体例が記載された別紙で構成されている。第1は「本対応指針の趣旨」について記載されており、差別解消法制定の経緯や法の基本的な考え方の他、対応指針の位置づけとして、差別解消法の規定、基本方針に基づいて「金融庁が所管する分野における事業者（以下「事業者」という。）が障害を理由とする差別の禁止及び合理的配慮の提供に関して適切に対応するため、定めるもの」とする目的が示されている。

第2「障害を理由とする不当な差別的取扱い及び合理

的配慮の基本的な考え方」では、基本方針の内容がほぼそのまま記載されている。対応指針独自の記載としては、不当な差別的取扱いにおける正当な理由及び合理的配慮における過重な負担の判断基準として「具体的な検討をせずに過重な負担を拡大解釈するなどして法の趣旨を損なうことなく、個別の事案ごとに……」という記述が追記され、基本指針の内容が補強されている。これはＤＰＩ日本会議が提案したことで採用されたものである。

第3では「障害を理由とする不当な差別的取扱い及び合理的配慮の具体例」が項目のみ記載されており、具体例については後述する別紙に記載されている。

第4「事業者における相談体制の整備」では、相談時の配慮として、「対面のほか、電話、ファックス、電子メールなど、障害特性や事業者の業務・事務特性、ビジネスモデル等に応じた多様な手段」の確保について規定されているほか、相談事例の蓄積と活用についても触れられている。

第5「事業者における研修・啓発」では、事業者への研修・啓発にあたって外見から判別困難な障害を含めて多様な障害者に対応できる内容になるような配慮を必要としている点が他省庁ではあまり見られない特徴的な記載の一つとして挙げられる。そのほか、研修企画にあたっての工夫や既存の外部研修等の活用、接遇に関連する資格の取得奨励等、効果的な研修を行うよう具体的に記載している点も特徴的である。

第6「金融庁所管事業分野における相談窓口」では事業者からの照会・相談窓口と障害者等からの相談窓口について記載している。

「障害を理由とする不当な差別的取扱い及び合理的配慮の具体例」として最後の「別紙」には「1　不当な差別的取扱いに当たりうる具体例」、「2　合理的配慮の具体例」が掲載されている。なお、合理的配慮の具体例では、意思疎通の配慮や物理的環境への配慮、ルール・慣行の柔軟な変更に分けて具体例が書かれている。

3　現行の対応指針の課題

このような現行の対応指針には、いくつか改善すべき課題が残されている。まず、相談体制の整備についてみていきたい。この中で、コミュニケーション手段の具体的な例示としては、「電話、ＦＡＸ、電子メールなど」とやや抽象的な記載にとどまってしまっている。合理的配慮における意思の表明の中では「言語（手話を含む。）のほか、点字、拡大文字、筆談、実物の提示や身振りサイン等による合図、触覚による意思伝達など、障害者が他人とコミュニケーションを図る際に必要な手段（手話通訳者、要約筆記者、盲ろう通訳者等を介するものを含む。）」と詳細に記載されているが、合理的配慮における意思の表明以外のあらゆる場面において多様なコミュニケーション手段を確保することが重要であり、そのことが相談体制の整備の中でもより具体的に明記される必要があるだろう。

実際、聴覚障害者に対する金融機関等への問い合わせ手段については、パブリックコメントに対する金融庁の考え方の中で、前述のとおり多様な手段を用意するよう努める必要があるという見解を示しているにもかかわらず、差別解消法施行後においても本書の申し立て運動の成果①にもあるように多様な手段による対応を拒否されている事案が発生している。

以上のような課題を解決するためにも行政機関等、事業者における相談窓口の設置や研修・啓発にあたって障害当事者や障害当事者団体が関与する仕組みが重要である。相談窓口への障害当事者の配置や障害者団体との連携による相談対応、もしくは障害者団体の研修を受けた者の配置などが必要であると考えるが、こうした具体的な記述は現行の対応指針の中には見られない。相談体制の整備にあたっての障害当事者参画についても課題が残されていると言えるだろう。

次に、不当な差別的取扱いについてみていくと、保険加入に関するパブリックコメントへの回答の中で「保険引受（危険選択）に当たっては、保険契約者間の公平性の確保及び保険制度の健全性の維持等の観点に鑑み、個別の事案ごとに、申込者の障害等の種類・程度等も勘案の上、総合的・客観的に検討の上、引受可否について判断することが必要」という見解を示している。さらに「このような具体的な検討を行わず、単に障害を理由として、保険引受を拒否することは、正当な理由に基づかない不当な差別的取扱いに該当しうると考えます」としている。

従来から障害や病気のある者は、それぞれ保険加入にあたって定められた除外要件によって一律に保険に入ることを拒否されるケースがあった。そのため、金融庁が示した上記の考え方は一定評価できる面もある。しかし、対応指針の別紙で不当な差別的取扱いに当たりうる具体例として出ているのは「障害を理由として、商品の提供を拒否する」という抽象的な表現で、対応指針を読んだだけでは金融庁の示した見解が十分読み取れない書きぶりになってしまっている。

実際、差別解消法施行後においても、例えば海外旅行保険の加入用件には相変わらず持病のある人や通院中の人を一律除外する規定が設けられたままである。また、本書の申し立て運動の成果③の都民共済への加入に際しても金融庁が示したような「具体的な検討」が行われないまま加入を拒否されており、差別解消法の趣旨に則った現場レベルでの運用がされるよう改善が必要だ。

4 差別解消法と対応指針の見直しに向けた提言

ここまで現行の対応指針の課題について、パブリックコメントに対して金融庁が示した考え方も踏まえつつ検討を行ってきた。その結果見えてきたのは、現行の対応指針は総じて具体性に欠けた抽象的な記述が目立っているという点である。このため、差別解消法の趣旨に照らして明らかに不当な差別的取扱いや合理的配慮の不提供に当たりうる事例が法の施行後も発生している点は今後の見直しに向けて看過ごせない問題である。

こうした問題を解決するためにも、少なくとも現行の対応指針が本来示している水準の解釈を指針の中に反映させて、金融機関等の現場レベル、各窓口対応をしている職員に伝わるものにしていく必要がある。とりわけ別紙に掲載されている不当な差別的取扱いや合理的配慮の具体例は、一部金融機関を想定した事例も書かれているが、全体的に具体性に欠ける事例が多い。例えば「障害を理由として、窓口対応を拒否する」、「障害を理由として、商品の提供を拒否する」など、金融庁所管の多様な事業者全体に当てはまる内容にしたことで、具体例になっていないことが大きな問題である。この点については、すでに国交省では各事業種別に具体例を出しており、金融庁においても銀行業や信託業、保険業、証券業、貸金業など業種ごとに具体例を示すことで現場に伝わる対応指針に近づけることができるのではないだろうか。

コラム4　合理的配慮と環境整備の違い

白井誠一朗

合理的配慮と環境整備の違いはなんでしょうか。合理的配慮も環境整備のどちらも、障害のある人とない人が同じ舞台で同じ活動をできるようにする、という目的は共通しています。両者で異なるのは障害のある人とない人が同じ舞台で同じ活動をできるようにするためのアプローチ、方法論になります。

合理的配慮は、特定の個人やグループに対して、その時々の状況に応じて行う人的な支援、設備や時間、場所などの調整、変更といった個別的な対応をするものなのに対して、環境整備は不特定多数を対象にした建物や交通機関などをバリアフリーにしたり、ウェブサイトをアクセシビリティに配慮してつくったりといったあらかじめ事前に環境を整えておくというものです。

例えば、電車に乗り降りする際、車両と駅のホームとの間に隙間や段差がある場合はその大きさや車いすの種類などによって、駅員にスロープをもってきてもらう必要がありますが、これは合理的配慮になります。これに対して、そもそも車両と駅のホームとの間の隙間や段差をなくして、どんな車いすに乗っていてもその都度駅員にスロープを頼まずに電車の乗り降りをできるようにするのが環境整備になります。

合理的配慮も環境整備もその内容は、その社会環境の変化などに応じて変わってきます。以前はそもそも車いすの人は駅にエレベーターがほとんど設置されておらず、駅のホームまでの階段の上り下りを駅員数名で抱えてもらって階段を移動していました。バリアフリー法によって今では主に都心部中心ですが駅にエレベーターが設置されて、ホームへの移動にその都度駅員に抱えてもらわなくても行けるようになってきています。

このように交通機関の利用という一例から合理的配慮や環境整備の内容は変化していくものであることがわかります。同時に、環境整備が十分できていないから、という理由で合理的配慮の提供を怠ってはいけないということも押さえておくべき重要なポイントです。

加えて、合理的配慮も環境整備もどちらも重要ですが、「他の者との平等」という視点で見たときに、電車利用の場面で考えても、行政機関等や民間事業者双方が努力義務にとどまっている環境整備こそ、より率先して進められていくことが望まれます。

第Ⅳ部

資料編

○障害を理由とする差別の解消の推進に関する法律　法律全文
○障害を理由とする差別の解消の推進に関する基本方針
○分野・省庁別相談窓口一覧

一　障害を理由とする差別の解消の推進に関する法律

平成二十五年法律第六十五号

（目的）

第一条　この法律は、障害者基本法（昭和四十五年法律第八十四号）の基本的な理念にのっとり、全ての障害者が、障害者でない者と等しく、基本的人権を享有する個人としてその尊厳が重んぜられ、その尊厳にふさわしい生活を保障される権利を有することを踏まえ、障害を理由とする差別の解消の推進に関する基本的な事項、行政機関等及び事業者における障害を理由とする差別を解消するための措置等を定めることにより、障害を理由とする差別の解消を推進し、もって全ての国民が、障害の有無によって分け隔てられることなく、相互に人格と個性を尊重し合いながら共生する社会の実現に資することを目的とする。

（定義）

第二条　この法律において、次の各号に掲げる用語の意義は、それぞれ当該各号に定めるところによる。

一　障害者　身体障害、知的障害、精神障害（発達障害を含む。）その他の心身の機能の障害（以下「障害」と総称する。）がある者であって、障害及び社会的障壁により継続的に日常生活又は社会生活に相当な制限を受ける状態にあるものをいう。

二　社会的障壁　障害がある者にとって日常生活又は社会生活を営む上で障壁となるような社会における事物、制度、慣行、観念その他一切のものをいう。

三　行政機関等　国の行政機関、独立行政法人等、地方公共団体（地方公営企業法（昭和二十七年法律第二百九十二号）第三章の規定の適用を受ける地方公共団体の経営する企業を除く。第七号、第十条及び附則第四条第1項において同じ。）及び地方独立行政法人をいう。

四　国の行政機関　次に掲げる機関をいう。

イ　法律の規定に基づき内閣に置かれる機関（内閣府を除く。）及び内閣の所轄の下に置かれる機関

ロ　内閣府、宮内庁並びに内閣府設置法（平成十一年法律第八十九号）第四十九条第1項及び第2項に規定する機関（これらの機関のうちニの政令で定める機関が置かれる機関にあっては、当該政令で定める機関を除く。）

ハ　国家行政組織法（昭和二十三年法律第百二十号）第三条第2項に規定する機関（ホの政令で定める機関が置かれる機関にあっては、当該政令で定める機関を除く。）

ニ　内閣府設置法第三十九条及び第五十五条並びに宮内庁法（昭和二十二年法律第七十号）第十六条第2項の機関並びに内閣府設置法第四十条及び第五十六条（宮内庁法第十八条第1項において準用する場合を含む。）の特別の機関で、政令で定めるもの

ホ　国家行政組織法第八条の二の施設等機関及び同法第八条の三の特別の機関で、政令で定めるもの

ヘ　会計検査院

五　独立行政法人等　次に掲げる法人をいう。

イ　独立行政法人（独立行政法人通則法（平成十一年法律第百三号）第二条第一項に規定する独立行政法人をいう。ロにおいて同じ。）

ロ　法律により直接に設立された法人、特別の法律により特別の設立行為をもって設立された法人（独立行政法人を除く。）又は特別の法律により設立され、かつ、その設立に関し行政庁の認可を要する法人のうち、政令で定めるもの

六　地方独立行政法人　地方独立行政法人法（平成十五年法律第百十八号）第二条第一項に規定する地方独立行政法人（同法第二十一条第三号に掲げる業務を行うものを除く。）をいう。

七　事業者　商業その他の事業を行う者（国、独立行政法人等、地方公共団体及び地方独立行政法人を除く。）をいう。

（国及び地方公共団体の責務）

第三条　国及び地方公共団体は、この法律の趣旨にのっとり、障害を理由とする差別の解消の推進に関して必要な施策を策定し、及びこれを実施しなければならない。

（国民の責務）

第四条　国民は、第一条に規定する社会を実現する上で障害を理由とする差別の解消が重要であることに鑑み、障害を理

由とする差別の解消の推進に寄与するよう努めなければならない。

（社会的障壁の除去の実施についての必要かつ合理的な配慮に関する環境の整備）

第五条　行政機関等及び事業者は、社会的障壁の除去の実施についての必要かつ合理的な配慮を的確に行うため、自ら設置する施設の構造の改善及び設備の整備、関係職員に対する研修その他の必要な環境の整備に努めなければならない。

第二章　障害を理由とする差別の解消の推進に関する基本方針

第六条　政府は、障害を理由とする差別の解消の推進に関する施策を総合的かつ一体的に実施するため、障害を理由とする差別の解消の推進に関する基本方針（以下「基本方針」という。）を定めなければならない。

2　基本方針は、次に掲げる事項について定めるものとする。

一　障害を理由とする差別の解消の推進に関する施策に関する基本的な方向

二　行政機関等が講ずべき障害を理由とする差別を解消するための措置に関する基本的な事項

三　事業者が講ずべき障害を理由とする差別を解消するための措置に関する基本的な事項

四　その他障害を理由とする差別の解消の推進に関する施策に関する重要事項

3　内閣総理大臣は、基本方針の案を作成し、閣議の決定を求めなければならない。

4　内閣総理大臣は、基本方針の案を作成しようとするときは、あらかじめ、障害者その他の関係者の意見を反映させるために必要な措置を講ずるとともに、障害者政策委員会の意見を聴かなければならない。

5　内閣総理大臣は、第3項の規定による閣議の決定があったときは、遅滞なく、基本方針を公表しなければならない。

6　前三項の規定は、基本方針の変更について準用する。

第三章　行政機関等及び事業者における障害を理由とする差別を解消するための措置

（行政機関等における障害を理由とする差別の禁止）

第七条　行政機関等は、その事務又は事業を行うに当たり、障害を理由として障害者でない者と不当な差別的取扱いをすることにより、障害者の権利利益を侵害してはならない。

2　行政機関等は、その事務又は事業を行うに当たり、障害者から現に社会的障壁の除去を必要としている旨の意思の表明があった場合において、その実施に伴う負担が過重でないときは、障害者の権利利益を侵害することとならないよう、当該障害者の性別、年齢及び障害の状態に応じて、社会的障壁の除去の実施について必要かつ合理的な配慮をしなければならない。

（事業者における障害を理由とする差別の禁止）

第八条　事業者は、その事業を行うに当たり、障害を理由として障害者でない者と不当な差別的取扱いをすることにより、障害者の権利利益を侵害してはならない。

2　事業者は、その事業を行うに当たり、障害者から現に社会的障壁の除去を必要としている旨の意思の表明があった場合において、その実施に伴う負担が過重でないときは、障害者の権利利益を侵害することとならないよう、当該障害者の性別、年齢及び障害の状態に応じて、社会的障壁の除去の実施について必要かつ合理的な配慮をするように努めなければならない。

（国等職員対応要領）

第九条　国の行政機関の長及び独立行政法人等は、基本方針に即して、第七条に規定する事項に関し、当該国の行政機関及び独立行政法人等の職員が適切に対応するために必要な要領（以下この条及び附則第三条において「国等職員対応要領」という。）を定めるものとする。

2　国の行政機関の長及び独立行政法人等は、国等職員対応要領を定めようとするときは、あらかじめ、障害者その他の関係者の意見を反映させるために必要な措置を講じなければならない。

3　国の行政機関の長及び独立行政法人等は、国等職員対応要領を定めたときは、遅滞なく、これを公表しなければならない。

4　前二項の規定は、国等職員対応要領の変更について準用する。

（地方公共団体等職員対応要領）

第十条　地方公共団体の機関及び地方独立行政法人は、基本方針に即して、第七条に規定する事項に関し、当該地方公共団体の機関及び地方独立行政法人の職員が適切に対応するために必要な要領（以下この条及び附則第四条において「地方公共団体等職員対応要領」という。）を定めるよう努めるものとする。

2　地方公共団体の機関及び地方独立行政法人は、地方公共団体等職員対応要領を定めようとするときは、あらかじめ、障害者その他の関係者の意見を反映させるために必要な措置を講ずるよう努めなければならない。

3　地方公共団体の機関及び地方独立行政法人は、地方公共団体等職員対応要領を定めたときは、遅滞なく、これを公表するよう努めなければならない。

4　国は、地方公共団体の機関及び地方独立行政法人による地方公共団体等職員対応要領の作成に協力しなければならない。

5　前三項の規定は、地方公共団体等職員対応要領の変更について準用する。

（事業者のための対応指針）

第十一条　主務大臣は、基本方針に即して、第八条に規定する事項に関し、事業者が適切に対応するために必要な指針（以下「対応指針」という。）を定めるものとする。

2　第九条第2項から第4項までの規定は、対応指針について準用する。

（報告の徴収並びに助言、指導及び勧告）

第十二条　主務大臣は、第八条の規定の施行に関し、特に必要があると認めるときは、対応指針に定める事項について、当該事業者に対し、報告を求め、又は助言、指導若しくは勧告をすることができる。

（事業主による措置に関する特例）

第十三条　行政機関等及び事業者が事業主としての立場で労働者に対して行う障害を理由とする差別を解消するための措置については、障害者の雇用の促進等に関する法律（昭和三十五年法律第百二十三号）の定めるところによる。

第四章　障害を理由とする差別を解消するための支援措置

（相談及び紛争の防止等のための体制の整備）

第十四条　国及び地方公共団体は、障害者及びその家族その他の関係者からの障害を理由とする差別に関する相談に的確に応ずるとともに、障害を理由とする差別に関する紛争の防止又は解決を図ることができるよう必要な体制の整備を図るものとする。

（啓発活動）

第十五条　国及び地方公共団体は、障害を理由とする差別の解消について国民の関心と理解を深めるとともに、特に、障害を理由とする差別の解消を妨げている諸要因の解消を図るため、必要な啓発活動を行うものとする。

（情報の収集、整理及び提供）

第十六条　国は、障害を理由とする差別を解消するための取組に資するよう、国内外における障害を理由とする差別及びその解消のための取組に関する情報の収集、整理及び提供を行うものとする。

（障害者差別解消支援地域協議会）

第十七条　国及び地方公共団体の機関であって、医療、介護、教育その他の障害者の自立と社会参加に関連する分野の事務に従事するもの（以下この項及び次条第二項において「関係機関」という。）は、当該地方公共団体の区域において関係機関が行う障害を理由とする差別に関する相談及び当該相談に係る事例を踏まえた障害を理由とする差別を解消するための取組を効果的かつ円滑に行うため、関係機関により構成される障害者差別解消支援地域協議会（以下「協議会」という。）を組織することができる。

2　前項の規定により協議会を組織する国及び地方公共団体

の機関は、必要があると認めるときは、協議会に次に掲げる者を構成員として加えることができる。

一　特定非営利活動促進法(平成十年法律第七号)第二条第2項に規定する特定非営利活動法人その他の団体

二　学識経験者

三　その他当該国及び地方公共団体の機関が必要と認める者

(協議会の事務等)

第十八条　協議会は、前条第1項の目的を達するため、必要な情報を交換するとともに、障害者からの相談及び当該相談に係る事例を踏まえた障害を理由とする差別を解消するための取組に関する協議を行うものとする。

2　関係機関及び前条第2項の構成員(次項において「構成機関等」という。)は、前項の協議の結果に基づき、当該相談に係る事例を踏まえた障害を理由とする差別を解消するための取組を行うものとする。

3　協議会は、第1項に規定する情報の交換及び協議を行うため必要があると認めるとき、又は構成機関等が行う相談及び当該相談に係る事例を踏まえた障害を理由とする差別を解消するための取組に関し他の構成機関等から要請があった場合において必要があると認めるときは、構成機関等に対し、相談を行った障害者及び差別に係る事案に関する情報の提供、意見の表明その他の必要な協力を求めることができる。

4　協議会の庶務は、協議会を構成する地方公共団体において処理する。

5　協議会が組織されたときは、当該地方公共団体は、内閣府令で定めるところにより、その旨を公表しなければならない。

(秘密保持義務)

第十九条　協議会の事務に従事する者又は協議会の事務に従事していた者は、正当な理由なく、協議会の事務に関して知り得た秘密を漏らしてはならない。

(協議会の定める事項)

第二十条　前三条に定めるもののほか、協議会の組織及び運営に関し必要な事項は、協議会が定める。

第五章　雑則

（主務大臣）

第二十一条　この法律における主務大臣は、対応指針の対象となる事業者の事業を所管する大臣又は国家公安委員会とする。

（地方公共団体が処理する事務）

第二十二条　第十二条に規定する主務大臣の権限に属する事務は、政令で定めるところにより、地方公共団体の長その他の執行機関が行うこととすることができる。

（権限の委任）

第二十三条　この法律の規定により主務大臣の権限に属する事項は、政令で定めるところにより、その所属の職員に委任することができる。

（政令への委任）

第二十四条　この法律に定めるもののほか、この法律の実施のため必要な事項は、政令で定める。

第六章　罰則

第二十五条　第十九条の規定に違反した者は、一年以下の懲役又は五十万円以下の罰金に処する。

第二十六条　第十二条の規定による報告をせず、又は虚偽の報告をした者は、二十万円以下の過料に処する。

附則

（施行期日）

第一条　この法律は、平成二十八年四月一日から施行する。ただし、次条から附則第六条までの規定は、公布の日から施行する。

（基本方針に関する経過措置）

第二条　政府は、この法律の施行前においても、第六条の規定の例により、基本方針を定めることができる。この場合において、内閣総理大臣は、この法律の施行前においても、同条の規定の例により、これを公表することができる。

２　前項の規定により定められた基本方針は、この法律の施行の日において第六条の規定により定められたものとみなす。

（国等職員対応要領に関する経過措置）

第三条　国の行政機関の長及び独立行政法人等は、この法律の施行前においても、第九条の規定の例により、国等職員対応要領を定め、これを公表することができる。

２　前項の規定により定められた国等職員対応要領は、この法律の施行の日において第九条の規定により定められたものとみなす。

（地方公共団体等職員対応要領に関する経過措置）

第四条　地方公共団体の機関及び地方独立行政法人は、この法律の施行前においても、第十条の規定の例により、地方公共団体等職員対応要領を定め、これを公表することができる。

２　前項の規定により定められた地方公共団体等職員対応要領は、この法律の施行の日において第十条の規定により定められたものとみなす。

（対応指針に関する経過措置）

第五条　主務大臣は、この法律の施行前においても、第十一条の規定の例により、対応指針を定め、これを公表することができる。

２　前項の規定により定められた対応指針は、この法律の施行の日において第十一条の規定により定められたものとみなす。

（政令への委任）

第六条　この附則に規定するもののほか、この法律の施行に関し必要な経過措置は、政令で定める。

（検討）

第七条　政府は、この法律の施行後三年を経過した場合において、第八条第２項に規定する社会的障壁の除去の実施についての必要かつ合理的な配慮の在り方その他この法律の施行の状況について検討を加え、必要があると認めるときは、その結果に応じて所要の見直しを行うものとする。

（障害者基本法の一部改正）

第八条　障害者基本法の一部を次のように改正する。

第三十二条第2項に次の一号を加える。

四　障害を理由とする差別の解消の推進に関する法律（平成二十五年法律第六十五号）の規定によりその権限に属させられた事項を処理すること。

（内閣府設置法の一部改正）

第九条　内閣府設置法の一部を次のように改正する。

第四条第3項第四十四号の次に次の一号を加える。

四十四の2　障害を理由とする差別の解消の推進に関する基本方針（障害を理由とする差別の解消の推進に関する法律（平成二十五年法律第六十五号）第六条第1項に規定するものをいう。）の作成及び推進に関すること。

二　障害を理由とする差別の解消の推進に関する基本方針

政府は、障害を理由とする差別の解消の推進に関する法律（平成二十五年法律第六十五号。以下「法」という。）第六条第1項の規定に基づき、障害を理由とする差別の解消の推進に関する基本方針（以下「基本方針」という。）を策定する。基本方針は、障害を理由とする差別（以下「障害者差別」という。）の解消に向けた、政府の施策の総合的かつ一体的な実施に関する基本的な考え方を示すものである。

第1　障害を理由とする差別の解消の推進に関する施策に関する基本的な方向

1　法制定の背景

近年、障害者の権利擁護に向けた取組が国際的に進展し、平成十八年に国連において、障害者の人権及び基本的自由の享有を確保すること並びに障害者の固有の尊厳の尊重を促進するための包括的かつ総合的な国際条約である障害者の権利に関する条約（以下「権利条約」という。）が採択された。我が国は、平成十九年に権利条約に署名し、以来、国内法の整備を始めとする取組を進めてきた。

権利条約は第二条において、「「障害に基づく差別」とは、障害に基づくあらゆる区別、排除又は制限であって、政治的、経済的、社会的、文化的、市民的その他のあらゆる分野において、他の者との平等を基礎として全ての人権及び基本的自由を認識し、享有し、又は行使することを害し、又は妨げる目的又は効果を有するものをいう。障害に基づく差別には、あらゆる形態の差別（合理的配慮の否定を含む。）を含む。」と定義し、その禁止について、締約国に全ての適当な措置を求めている。我が国においては、平成十六年の障害者基本法（昭和四十五年法律第八十四号）の改正において、障害者に対する差別の禁止が基本的理念として明示され、さらに、平成二十三年の同法改正の際には、権利条約の趣旨を踏まえ、同法第二条第2号において、社会的障壁について、「障害がある者にとつて日常生活又は社会生活を営む上で障壁となるような社会における事物、制度、慣行、観念その他一切のものをいう。」と定義されるとともに、基本原則として、同法第四条第1項に、「何人も、障害者に対して、障害を理由として、差別することその他の権利利益を侵害する行為をしてはならない」こと、また、同条第2項に、「社会的障壁の除去は、それを必要としている障害者が現に存し、かつ、その実施に伴う負担が過重でないときは、それを怠ることによつて前項の規定に違反することとならないよう、その実施について必要かつ合理的な配慮がされなければならない」ことが規定された。

法は、障害者基本法の差別の禁止の基本原則を具体化するものであり、全ての国民が、障害の有無によって分け隔てられることなく、相互に人格と個性を尊重し合いながら共生する社会の実現に向け、障害者差別の解消を推進することを目的として、平成二十五年六月に制定された。我が国は、本法の制定を含めた一連の障害者施策に係る取組の成果を踏まえ、平成二十六年一月に権利条約を締結した。

2　基本的な考え方

(1)法の考え方

全ての国民が、障害の有無によって分け隔てられることなく、相互に人格と個性を尊重し合いながら共生する社会を実現するためには、日常生活や社会生活における障害者の活動を制限し、社会への参加を制約している社会的障壁を取り除くことが重要である。このため、法は、後述する、障害者に対する不当な差別的取扱い及び合理的配慮の不提供を差別と規定し、行政機関等及び事業者に対し、差別の解消に向けた具体的取組を求めるとともに、普及啓発活動等を通じて、障害者も含めた国民一人ひとりが、それぞれの立場において自発的に取り組むことを促している。

特に、法に規定された合理的配慮の提供に当たる行為は、既に社会の様々な場面において日常的に実践されているものもあり、こうした取組を広く社会に示すことにより、国民一人ひとりの、障害に関する正しい知識の取得や理解が深まり、障害者との建設的対話による相互理解が促進され、取組の裾野が一層広がることを期待するものである。

(2)基本方針と対応要領・対応指針との関係

基本方針に即して、国の行政機関の長及び独立行政法人等においては、当該機関の職員の取組に資するための対応要領を、主務大臣においては、事業者における取組に資するための対応指針を作成することとされている。地方公共団体及び公営企業型以外の地方独立行政法人(以下「地方公共団体等」という。)については、地方分権の観点から、対応要領の作成は努力義務とされているが、積極的に取り組むことが望まれる。

対応要領及び対応指針は、法に規定された不当な差別的取扱い及び合理的配慮について、具体例も盛り込みながら分かりやすく示しつつ、行政機関等の職員に徹底し、事業者の取組を促進するとともに、広く国民に周知するものとする。

(3)条例との関係

地方公共団体においては、近年、法の制定に先駆けて、障害者差別の解消に向けた条例の制定が進められるなど、各地で障害者差別の解消に係る気運の高まりが見られるところである。法の施行後においても、地域の実情に即した既存の条例(いわゆる上乗せ・横出し条例を含む。)については引き続き効力を有し、また、新たに制定することも制限されることはなく、障害者にとって身近な地域において、条例の制定も含めた障害者差別を解消する取組の推進が望まれる。

第2　行政機関等及び事業者が講ずべき障害を理由とする差別を解消するための措置に関する共通的な事項

1　法の対象範囲

(1)障害者

対象となる障害者は、障害者基本法第2条第1号に規定する障害者、即ち、「身体障害、知的障害、精神障害(発達障害を含む。)その他の心身の機能の障害(以下「障害」と総称する。)がある者であつて、障害及び社会的障壁により継続的に日常生活又は社会生活に相当な制限を受ける状態にあるもの」である。これは、障害者が日常生活又は社会生活において受ける制限は、身体障害、知的障害、精神障害(発達障害を含む。)その他の心身の機能の障害(難病に起因する障害を含む。)のみに起因するものではなく、社会における様々な障壁と相対することによって生ずるものとのいわゆる「社会モデル」の考え方を踏まえている。したがって、法が対象とする障害者は、いわゆる障害者手帳の所持者に限られない。なお、高次脳機能障害は精神障害に含まれる。

また、特に女性である障害者は、障害に加えて女性であることにより、更に複合的に困難な状況に置かれている場合があること、障害児には、成人の障害者とは異なる支援の必要性があることに留意する。

(2)事業者

対象となる事業者は、商業その他の事業を行う者(地方公共団体の経営する企業及び公営企業型地方独立行政法人を含み、国、独立行政法人等、地方公共団体及び公営企業型以外の地方独立行政法人を除く。)であり、目的の営利・非営利、個人・法人の別を問わず、同種の行為を反復継続する意思をもって行う者である。したがって、例えば、個人事業者や対価を得ない無報酬の事業を行う者、非営利事業を行う社会福祉法人や特定非営利活動法人も対象となる。

(3)対象分野

法は、日常生活及び社会生活全般に係る分野が広く対象となる。ただし、行政機関等及び事業者が事業主としての立場で労働者に対して行う障害を理由とする差別を解消するための措置については、法第13条により、障害者の雇用の促進等に関する法律(昭和35年法律第123号)の定めるところによることとされている。

2　不当な差別的取扱い

(1)不当な差別的取扱いの基本的な考え方

ア　法は、障害者に対して、正当な理由なく、障害を理由として、財・サービスや各種機会の提供を拒否する又は提供に当たって場所・時間帯などを制限する、障害者でない者に対しては付さない条件を付けることなどにより、障害者の権利利益を侵害することを禁止している。

なお、障害者の事実上の平等を促進し、又は達成するために必要な特別の措置は、不当な差別的取扱いではない。

イ　したがって、障害者を障害者でない者と比べて優遇する取扱い(いわゆる積極的改善措置)、法に規定された障害者に対する合理的配慮の提供による障害者でない者との異なる取扱いや、合理的配慮を提供等するために必要な範囲で、プライバシーに配慮しつつ障害者に障害の状況等を確認することは、不当な差別的取扱いには当たらない。不当な差別的取扱いとは、正当な理由なく、障害者を、問題となる事務・事業について本質的に関係する諸事情が同じ障害者でない者より不利に扱うことである点に留意する必要がある。

(2)正当な理由の判断の視点

正当な理由に相当するのは、障害者に対して、障害を理由として、財・サービスや各種機会の提供を拒否するなどの取扱いが客観的に見て正当な目的の下に行われたものであり、その目的に照らしてやむを得ないと言える場合である。行政機関等及び事業者においては、正当な理由に相当するか否かについて、個別の事案ごとに、障害者、事業者、第三者の権利利益(例:安全の確保、財産の保全、事業の目的・内容・機能の維持、損害発生の防止等)及び行政機関等の事務・事業の目的・内容・機能の維持等の観点に鑑み、具体的場面や状況に応じて総合的・客観的に判断することが必要である。行政機関等及び事業者は、正当な理由があると判断した場合には、障害者にその理由を説明するものとし、理解を得るよう努めることが望ましい。

3 合理的配慮

(1)合理的配慮の基本的な考え方

ア 権利条約第二条において、「合理的配慮」は、「障害者が他の者との平等を基礎として全ての人権及び基本的自由を享有し、又は行使することを確保するための必要かつ適当な変更及び調整であって、特定の場合において必要とされるものであり、かつ、均衡を失した又は過度の負担を課さないもの」と定義されている。

法は、権利条約における合理的配慮の定義を踏まえ、行政機関等及び事業者に対し、その事務・事業を行うに当たり、個々の場面において、障害者から現に社会的障壁の除去を必要としている旨の意思の表明があった場合において、その実施に伴う負担が過重でないときは、障害者の権利利益を侵害することとならないよう、社会的障壁の除去の実施について、必要かつ合理的な配慮(以下「合理的配慮」という。)を行うことを求めている。合理的配慮は、障害者が受ける制限は、障害のみに起因するものではなく、社会における様々な障壁と相対することによって生ずるものとのいわゆる「社会モデル」の考え方を踏まえたものであり、障害者の権利利益を侵害することとならないよう、障害者が個々の場面において必要としている社会的障壁を除去するための必要かつ合理的な取組であり、その実施に伴う負担が過重でないものである。

合理的配慮は、行政機関等及び事業者の事務・事業の目的・内容・機能に照らし、必要とされる範囲で本来の業務に付随するものに限られること、障害者でない者との比較において同等の機会の提供を受けるためのものであること、事務・事業の目的・内容・機能の本質的な変更には及ばないことに留意する必要がある。

イ　合理的配慮は、障害の特性や社会的障壁の除去が求められる具体的場面や状況に応じて異なり、多様かつ個別性の高いものであり、当該障害者が現に置かれている状況を踏まえ、社会的障壁の除去のための手段及び方法について、「(2)過重な負担の基本的な考え方」に掲げた要素を考慮し、代替措置の選択も含め、双方の建設的対話による相互理解を通じて、必要かつ合理的な範囲で、柔軟に対応がなされるものである。さらに、合理的配慮の内容は、技術の進展、社会情勢の変化等に応じて変わり得るものである。

現時点における一例としては、

車椅子利用者のために段差に携帯スロープを渡す、高い所に陳列された商品を取って渡すなどの物理的環境への配慮

筆談、読み上げ、手話などによるコミュニケーション、分かりやすい表現を使って説明をするなどの意思疎通の配慮

障害の特性に応じた休憩時間の調整などのルール・慣行の柔軟な変更

などが挙げられる。合理的配慮の提供に当たっては、障害者の性別、年齢、状態等に配慮するものとする。内閣府及び関係行政機関は、今後、合理的配慮の具体例を蓄積し、広く国民に提供するものとする。

なお、合理的配慮を必要とする障害者が多数見込まれる場合、障害者との関係性が長期にわたる場合等には、その都度の合理的配慮の提供ではなく、後述する環境の整備を考慮に入れることにより、中・長期的なコストの削減・効率化につながる点は重要である。

ウ　意思の表明に当たっては、具体的場面において、社会的障壁の除去に関する配慮を必要としている状況にあることを言語(手話を含む。)のほか、点字、拡大文字、筆談、実物の提示や身振りサイン等による合図、触覚による意思伝達など、障害者が他人とコミュニケーションを図る際に必要な手段(通訳を介するものを含む。)により伝えられる。

また、障害者からの意思表明のみでなく、知的障害や精神障害(発達障害を含む。)等により本人の意思表明が困難な場合には、障害者の家族、介助者等、コミュニケーションを支援する者が本人を補佐して行う意思の表明も含む。

なお、意思の表明が困難な障害者が、家族、介助者等を伴っていない場合など、意思の表明がない場合であっても、当該障害者が社会的障壁の除去を必要としていることが明白である場合には、法の趣旨に鑑みれば、当該障害者に対して適切と思われる配慮を提案するために建設的対話を働きかけるなど、自主的な取組に努めることが望ましい。

エ　合理的配慮は、障害者等の利用を想定して事前に行われる建築物のバリアフリー化、介助者等の人的支援、情報アクセシビリティの向上等の環境の整備（「第5」において後述）を基礎として、個々の障害者に対して、その状況に応じて個別に実施される措置である。したがって、各場面における環境の整備の状況により、合理的配慮の内容は異なることとなる。また、障害の状態等が変化することもあるため、特に、障害者との関係性が長期にわたる場合等には、提供する合理的配慮について、適宜、見直しを行うことが重要である。

(2)過重な負担の基本的な考え方

過重な負担については、行政機関等及び事業者において、個別の事案ごとに、以下の要素等を考慮し、具体的場面や状況に応じて総合的・客観的に判断することが必要である。行政機関等及び事業者は、過重な負担に当たると判断した場合は、障害者にその理由を説明するものとし、理解を得るよう努めることが望ましい。

事務・事業への影響の程度（事務・事業の目的・内容・機能を損なうか否か）

実現可能性の程度（物理的・技術的制約、人的・体制上の制約）

費用・負担の程度

事務・事業規模

財政・財務状況

第3　行政機関等が講ずべき障害を理由とする差別を解消するための措置に関する基本的な事項

1　基本的な考え方

行政機関等においては、その事務・事業の公共性に鑑み、障害者差別の解消に率先して取り組む主体として、不当な差別的取扱いの禁止及び合理的配慮の提供が法的義務とされており、国の行政機関の長及び独立行政法人等は、当該機関の職員による取組を確実なものとするため、対応要領を定めることとされている。行政機関等における差別禁止を確実なものとするためには、差別禁止に係る具体的取組と併せて、相談窓口の明確化、職員の研修・啓発の機会の確保等を徹底することが重要であり、対応要領においてこの旨を明記するものとする。

2 対応要領

(1)対応要領の位置付け及び作成手続

対応要領は、行政機関等が事務・事業を行うに当たり、職員が遵守すべき服務規律の一環として定められる必要があり、国の行政機関であれば、各機関の長が定める訓令等が、また、独立行政法人等については、内部規則の様式に従って定められることが考えられる。

国の行政機関の長及び独立行政法人等は、対応要領の作成に当たり、障害者その他の関係者を構成員に含む会議の開催、障害者団体等からのヒアリングなど、障害者その他の関係者の意見を反映させるために必要な措置を講ずるとともに、作成後は、対応要領を公表しなければならない。

(2)対応要領の記載事項

対応要領の記載事項としては、以下のものが考えられる。

趣旨

障害を理由とする不当な差別的取扱い及び合理的配慮の基本的な考え方

障害を理由とする不当な差別的取扱い及び合理的配慮の具体例

相談体制の整備

職員への研修・啓発

3 地方公共団体等における対応要領に関する事項

地方公共団体等における対応要領の作成については、地方分権の趣旨に鑑み、法においては努力義務とされている。地方公共団体等において対応要領を作成する場合には、2(1)及び(2)に準じて行われることが望ましい。国は、地方公共団体等における対応要領の作成に関し、適時に資料・情報の提供、技術的助言など、所要の支援措置を講ずること等により協力しなければならない。

第４　事業者が講ずべき障害を理由とする差別を解消するための措置に関する基本的な事項

１　基本的な考え方

事業者については、不当な差別的取扱いの禁止が法的義務とされる一方で、事業における障害者との関係が分野・業種・場面・状況によって様々であり、求められる配慮の内容・程度も多種多様であることから、合理的配慮の提供については、努力義務とされている。このため、各主務大臣は、所掌する分野における対応指針を作成し、事業者は、対応指針を参考として、取組を主体的に進めることが期待される。主務大臣においては、所掌する分野の特性を踏まえたきめ細かな対応を行うものとする。各事業者における取組については、障害者差別の禁止に係る具体的取組はもとより、相談窓口の整備、事業者の研修・啓発の機会の確保等も重要であり、対応指針の作成に当たっては、この旨を明記するものとする。

同種の事業が行政機関等と事業者の双方で行われる場合は、事業の類似性を踏まえつつ、事業主体の違いも考慮した上での対応に努めることが望ましい。また、公設民営の施設など、行政機関等がその事務・事業の一環として設置・実施し、事業者に運営を委託等している場合は、提供される合理的配慮の内容に大きな差異が生ずることにより障害者が不利益を受けることのないよう、委託等の条件に、対応要領を踏まえた合理的配慮の提供について盛り込むよう努めることが望ましい。

２　対応指針

(1)対応指針の位置付け及び作成手続

主務大臣は、個別の場面における事業者の適切な対応・判断に資するための対応指針を作成するものとされている。作成に当たっては、障害者や事業者等を構成員に含む会議の開催、障害者団体や事業者団体等からのヒアリングなど、障害者その他の関係者の意見を反映させるために必要な措置を講ずるとともに、作成後は、対応指針を公表しなければならない。

なお、対応指針は、事業者の適切な判断に資するために作成されるものであり、盛り込まれる合理的配慮の具体例は、事業者に強制する性格のものではなく、また、それだけに限られるものではない。事業者においては、対応指針を踏まえ、具体的場面や状況に応じて柔軟に対応することが期待される。

(2)対応指針の記載事項

対応指針の記載事項としては、以下のものが考えられる。

趣旨

障害を理由とする不当な差別的取扱い及び合理的配慮の基本的な考え方

障害を理由とする不当な差別的取扱い及び合理的配慮の具体例

事業者における相談体制の整備

事業者における研修・啓発

国の行政機関(主務大臣)における相談窓口

3　主務大臣による行政措置

事業者における障害者差別解消に向けた取組は、主務大臣の定める対応指針を参考にして、各事業者により自主的に取組が行われることが期待される。しかしながら、事業者による自主的な取組のみによっては、その適切な履行が確保されず、例えば、事業者が法に反した取扱いを繰り返し、自主的な改善を期待することが困難である場合など、主務大臣は、特に必要があると認められるときは、事業者に対し、報告を求め、又は助言、指導若しくは勧告をすることができることとされている。

こうした行政措置に至る事案を未然に防止するため、主務大臣は、事業者に対して、対応指針に係る十分な情報提供を行うとともに、事業者からの照会・相談に丁寧に対応するなどの取組を積極的に行うものとする。また、主務大臣による行政措置に当たっては、事業者における自主的な取組を尊重する法の趣旨に沿って、まず、報告徴収、助言、指導により改善を促すことを基本とする必要がある。主務大臣が事業者に対して行った助言、指導及び勧告については、取りまとめて、毎年国会に報告するものとする。

第5　その他障害を理由とする差別の解消の推進に関する施策に関する重要事項

1　環境の整備

法は、不特定多数の障害者を主な対象として行われる事前的改善措置(いわゆるバリアフリー法に基づく公共施設や交通機関におけるバリアフリー化、意思表示やコミュニケーションを支援するためのサービス・介助者等の人的支援、障害者による円滑な情報の取得・利用・発信のための情報アクセシビリティの向上等)については、個別の場面において、個々の障害者に対して行われる合理的配慮を的確に行うための環境の整備として実施に努めることとしている。新しい技術開発が環境の整備に係る投資負担の軽減をもたらすこともあることから、技術進歩の動向を踏まえた取組が期待される。また、環境の整備には、ハード面のみならず、職員に対する研修等のソフト面の対応も含まれることが重要である。

障害者差別の解消のための取組は、このような環境の整備を行うための施策と連携しながら進められることが重要であり、ハード面でのバリアフリー化施策、情報の取得・利用・発信におけるアクセシビリティ向上のための施策、職員に対する研修等、環境の整備の施策を着実に進めることが必要である。

2　相談及び紛争の防止等のための体制の整備

障害者差別の解消を効果的に推進するには、障害者及びその家族その他の関係者からの相談等に的確に応じることが必要であり、相談等に対応する際には、障害者の性別、年齢、状態等に配慮することが重要である。法は、新たな機関は設置せず、既存の機関等の活用・充実を図ることとしており、国及び地方公共団体においては、相談窓口を明確にするとともに、相談や紛争解決などに対応する職員の業務の明確化・専門性の向上などを図ることにより、障害者差別の解消の推進に資する体制を整備するものとする。内閣府においては、相談及び紛争の防止等に関する機関の情報について収集・整理し、ホームページへの掲載等により情報提供を行うものとする。

3　啓発活動

障害者差別については、国民一人ひとりの障害に関する知識・理解の不足、意識の偏りに起因する面が大きいと考えられることから、内閣府を中心に、関係行政機関と連携して、各種啓発活動に積極的に取り組み、国民各層の障害に関する理解を促進するものとする。

(1)行政機関等における職員に対する研修

行政機関等においては、所属する職員一人ひとりが障害者に対して適切に対応し、また、障害者及びその家族その他の関係者からの相談等に的確に対応するため、法の趣旨の周知徹底、障害者から話を聞く機会を設けるなどの各種研修等を実施することにより、職員の障害に関する理解の促進を図るものとする。

(2)事業者における研修

事業者においては、障害者に対して適切に対応し、また、障害者及びその家族その他の関係者からの相談等に的確に対応するため、研修等を通じて、法の趣旨の普及を図るとともに、障害に関する理解の促進に努めるものとする。

(3)地域住民等に対する啓発活動

ア　障害者差別が、本人のみならず、その家族等にも深い影響を及ぼすことを、国民一人ひとりが認識するとともに、法の趣旨について理解を深めることが不可欠であり、また、障害者からの働きかけによる建設的対話を通じた相互理解が促進されるよう、障害者も含め、広く周知・啓発を行うことが重要である。

内閣府を中心に、関係省庁、地方公共団体、事業者、障害者団体、マスメディア等の多様な主体との連携により、インターネットを活用した情報提供、ポスターの掲示、パンフレットの作成・配布、法の説明会やシンポジウム等の開催など、多様な媒体を用いた周知・啓発活動に積極的に取り組む。

イ　障害のある児童生徒が、その年齢及び能力に応じ、可能な限り障害のない児童生徒と共に、その特性を踏まえた十分な教育を受けることのできるインクルーシブ教育システムを推進しつつ、家庭や学校を始めとする社会のあらゆる機会を活用し、子供の頃から年齢を問わず障害に関する知識・理解を深め、全ての障害者が、障害者でない者と等しく、基本的人権を享有する個人であることを認識し、障害の有無にかかわらず共に助け合い・学び合う精神を涵養する。障害のない児童生徒の保護者に対する働きかけも重要である。

ウ　国は、グループホーム等を含む、障害者関連施設の認可等に際して、周辺住民の同意を求める必要がないことを十分に周知するとともに、地方公共団体においては、当該認可等に際して、周辺住民の同意を求める必要がないことに留意しつつ、住民の理解を得るために積極的な啓発活動を行うことが望ましい。

4　障害者差別解消支援地域協議会

(1)趣旨

障害者差別の解消を効果的に推進するには、障害者にとって身近な地域において、主体的な取組がなされることが重要である。地域において日常生活、社会生活を営む障害者の活動は広範多岐にわたり、相談等を行うに当たっては、どの機関がどのような権限を有しているかは必ずしも明らかではない場合があり、また、相談等を受ける機関においても、相談内容によっては当該機関だけでは対応できない場合がある。このため、地域における様々な関係機関が、相談事例等に係る情報の共有・協議を通じて、各自の役割に応じた事案解決のための取組や類似事案の発生防止の取組など、地域の実情に応じた差別の解消のための取組を主体的に行うネットワークとして、障害者差別解消支援地域協議会（以下「協議会」という。）を組織することができることとされている。協議会については、障害者及びその家族の参画について配慮するとともに、性別・年齢、障害種別を考慮して組織することが望ましい。内閣府においては、法施行後における協議会の設置状況等について公表するものとする。

(2)期待される役割

協議会に期待される役割としては、関係機関から提供された相談事例等について、適切な相談窓口を有する機関の紹介、具体的事案の対応例の共有・協議、協議会の構成機関等における調停、斡旋等の様々な取組による紛争解決、複数の機関で紛争解決等に対応することへの後押し等が考えられる。

なお、都道府県において組織される協議会においては、紛争解決等に向けた取組について、市町村において組織される協議会を補完・支援する役割が期待される。また、関係機関において紛争解決に至った事例、合理的配慮の具体例、相談事案から合理的配慮に係る環境の整備を行うに至った事例などの共有・分析を通じて、構成機関等における業務改善、事案の発生防止のための取組、周知・啓発活動に係る協議等を行うことが期待される。

5　差別の解消に係る施策の推進に関する重要事項

(1)情報の収集、整理及び提供

本法を効果的に運用していくため、内閣府においては、行政機関等による協力や協議会との連携などにより、個人情報の保護等に配慮しつつ、国内における具体例や裁判例等を収集・整理するものとする。あわせて、海外の法制度や差別解消のための取組に係る調査研究等を通じ、権利条約に基づき設置された、障害者の権利に関する委員会を始めとする国際的な動向や情報の集積を図るものとする。これらの成果については、障害者白書や内閣府ホームページ等を通じて、広く国民に提供するものとする。

(2)基本方針、対応要領、対応指針の見直し等

技術の進展、社会情勢の変化等は、特に、合理的配慮について、その内容、程度等に大きな進展をもたらし、また、実施に伴う負担を軽減し得るものであり、法の施行後においては、こうした動向や、不当な差別的取扱い及び合理的配慮の具体例の集積等を踏まえるとともに、国際的な動向も勘案しつつ、必要に応じて、基本方針、対応要領及び対応指針を見直し、適時、充実を図るものとする。

法の施行後三年を経過した時点における法の施行状況に係る検討の際には、障害者政策委員会における障害者差別の解消も含めた障害者基本計画の実施状況に係る監視の結果も踏まえて、基本方針についても併せて所要の検討を行うものとする。基本方針の見直しに当たっては、あらかじめ、障害者その他の関係者の意見を反映させるために必要な措置を講ずるとともに、障害者政策委員会の意見を聴かなければならない。対応要領、対応指針の見直しに当たっても、障害者その他の関係者の意見を反映させるために必要な措置を講じなければならない。

なお、各種の国家資格の取得等において障害者に不利が生じないよう、いわゆる欠格条項について、各制度の趣旨や、技術の進展、社会情勢の変化等を踏まえ、適宜、必要な見直しを検討するものとする。

消費生活相談員資格試験に関する登録試験機関に係ること
消費者教育・地方協力課

電話03-3507-9174／FAX03-3507-9286

その他対応指針全般に係ること 消費者政策課

電話03-3507-9186／FAX03-3507-7557

○復興庁

株式会社東日本大震災事業者再生支援機構に関すること

支援機構班 電話03-5545-7283／FAX 03-3589-1880

○国の行政機関相談窓口（全般）

みんなの人権110番　全国共通人権相談ダイヤル

電話0570-003-110

常設相談所　一覧　http://www.moj.go.jp/JINKEN/jinken66.html#00

行政苦情110番　全国共通番号

電話0570-090-110

インターネットによる行政相談受付

http://www.soumu.go.jp/main_sosiki/hyouka/soudan.html

国の行政機関相談窓口（対応要領関係）

http://www8.cao.go.jp/shougai/suishin/sabekai/pdf/soudan/taiou_youryo.pdf

事業分野相談窓口（対応指針関係）

http://www8.cao.go.jp/shougai/suishin/sabekai/pdf/soudan/taiou_shishin.pdf

※この相談窓口一覧は、差別解消法に必ずしも一致したものではないことをご了承ください。

国税庁税務相談官　電話03-3581-4161

http://www.nta.go.jp/shiraberu/sodan/sodanshitsu/9200.htm

○外務省

対応指針全般に係るもの

総合外交政策局人権人道課

電話03-5501-8000(内線3928)／FAX03-5501-8239

○放送・郵便・その他通信事業に関する事柄

総務省

〈放送業に係ること〉

情報流通行政局放送政策課

電話03-5253-5776／FAX03-5253-5779

〈郵便業(信書便事業を含む)に係ること〉

情報流通行政局郵政行政部企画課

電話03-5253-5959／FAX03-5253-6253

〈通信業に係ること〉

総合通信基盤局電気通信事業部事業政策課

電話03-5253-5836／FAX03-5253-5838

〈その他に係ること〉

大臣官房企画課　電話03-5253-5157／FAX03-5253-5160

○環境省

対応指針全般に係るもの 大臣官房政策評価広報課

電話03-5521-8214／FAX03-3591-5939

○消費に関する事柄

消費者庁

適格消費者団体及び特定適格消費者団体に係ること 消費者制度課

電話03-3507-9252／FAX03-3507-9283

○金融機関・保険関係・株・証券

金融庁

金融サービス利用者相談室
電話0570-016811（IP電話からは03-5251-6811）
FAX　03-3506-6699／
https://www.fsa.go.jp/opinion/

業所管各課室　電話03-3506-6000（電話のみ）

〈財務局等〉

金融庁所管事業分野の業所管各課

北海道財務局	電話011-709-2311／FAX011-746-0946
東北財務局	電話022-263-1111／ メールtouhokusoudan@th.lfb-mof.go.jp
関東財務局	電話048-600-1275／FAX048-600-1231
北陸財務局	電話076-292-7853／FAX076-292-7878
東海財務局	電話052-951-1772／FAX052-951-0194
近畿財務局	電話06-6949-6259／FAX06-6949-6790 メールk-hotline@kk.lfb-mof.go.jp
中国財務局	電話082-221-9221／FAX082-223-0479
四国財務局	電話087-831-2131／FAX087-862-8798
九州財務局	電話096-353-6351／FAX096-359-2821
福岡財務支局	電話092-411-7281／FAX092-411-9290
沖縄総合事務局	電話098-866-0095／FAX098-860-1152

○財務省

対応指針全般に係るもの

大臣官房文書課行政相談官
電話03-3581-4111（内線2975）
https://www2.mof.go.jp/enquete/ja/index.php

大臣官房総合政策課政策推進室
電話03-3581-4111（内線5031、5167）
https://www2.mof.go.jp/enquete/ja/index.php

〈障害福祉、精神保健関係〉
社会・援護局障害保健福祉部企画課
電話03-3595-2389／FAX03-3502-0892
〃　障害福祉課　電話03-3595-2528／FAX03-3591-8914
〃　精神・障害保健課
電話03-3595-2307／FAX03-3593-2008
〈高齢者福祉関係〉
老健局総務課　電話03-3591-0954／FAX03-3503-2740
〈医療機関関係〉
医政局総務課　電話03-3595-2189／FAX03-3501-2048
〈薬局関係〉
医薬・生活衛生局総務課　電話03-3595-2377／FAX03-3591-9044
〈生活衛生関係 営業関係〉
医薬・生活衛生局生活衛生・食品安全部生活衛生課
電話03-3595-2301／FAX03-3501-9554
〈水道事業者、水道用水供給事業者、給水装置工事事業者〉
医薬・生活衛生局生活衛生・食品安全部水道課
電話03-3595-2368／FAX03-3503-7963
社会保険労務士 労働基準局監督課社会保険労務士係
電話03-5253-1111(内線5161)／
FAX03-3502-6485

○飲食店(ファミリーレストラン等)

農林水産省

農林水産省所管事業分野 当該事業分野の所管課
対応指針に関する全般的なこと　http://www.maff.go.jp/j/org/outline/
農村振興局農村政策部都市農村交流課
電話03-3502-0030／FAX03-3595-6340

近畿経済産業局総務企画部総務課　電話06-6966-6001／FAX06-6966-6071
中国経済産業局総務企画部総務課　電話082-224-5615／FAX082-224-5640
四国経済産業局総務企画部総務課　電話087-811-8503／FAX087-811-8549
九州経済産業局総務企画部総務課　電話092-482-5405／FAX092-482-5960
沖縄総合事務局経済産業部政策課　電話098-866-1726／FAX098-860-1375
北海道産業保安監督部管理課　電話011-709-2464／FAX011-709-4143
関東東北産業保安監督部東北支部管理課
電話022-221-4943／FAX022-261-1376
関東東北産業保安監督部管理課　電話048-600-0433／FAX048-601-1279
中部近畿産業保安監督部管理課　電話052-951-0558／FAX052-951-9803
中部近畿産業保安監督部近畿支部管理課
電話06-6966-6061／FAX06-6966-6095
中国四国産業保安監督部管理課　電話082-224-5753／FAX082-224-5650
中国四国産業保安監督部四国支部管理課
電話087-811-8581／FAX087-811-8595
九州産業保安監督部管理課　電話092-482-5923／FAX092-471-7496
那覇産業保安監督事務所管理課　電話098-866-6474／FAX098-860-1376

○福祉・医療機関・雇用労働・社会保険労務・飲食店

厚生労働省

〈子ども・子育て関係〉
雇用均等・児童家庭局家庭福祉課　電話03-3595-2504／FAX03-3595-2663
〃　総務課少子化総合対策室
電話03-3595-2493／FAX03-3595-2313
〃　保育課　電話03-3595-2542／FAX03-3595-2674
〃　母子保健課　電話03-3595-2544／FAX03-3595-2680

〈生活保護関係〉
社会・援護局保護課　電話03-3595-2613／FAX03-3592-5934

〈地域福祉、生活困窮者自立支援関係〉
社会・援護局地域福祉課　電話03-3595-2615／FAX03-3592-1459
〃　地域福祉課生活困窮者自立支援室
電話03-3595-2615／FAX03-3592-1459

関東運輸局交通政策部消費者行政・情報課
電話045-211-7268／FAX045-201-8807
北陸信越運輸局交通政策部消費者行政・情報課
電話025-285-9152／FAX025-285-9171
中部運輸局交通政策部消費者行政・情報課
電話052-952-8047／FAX052-952-8085
近畿運輸局交通政策部消費者行政・情報課
電話06-6949-6431／FAX06-6949-6169
中国運輸局交通政策部消費者行政・情報課
電話082-228-3499／FAX082-228-3629
四国運輸局交通政策部消費者行政・情報課
電話087-825-1174／FAX087-822-3412
九州運輸局交通政策部消費者行政・情報課
電話092-472-2333／FAX092-472-2316

〈北海道開発局が所掌する事業〉
北海道開発局監察官　電話011-700-5671／FAX011-727-8650

〈神戸運輸監理部が所掌する事業〉
神戸運輸監理部総務企画部総務課　電話078-321-3141／FAX078-321-3140

○劇場・遊技場・娯楽施設・量販店・飲食店・宿泊施設・コンビニエンスストア
経済産業省
〈経済産業省対応指針全般に係るもの〉
経済産業政策局産業人材政策担当参事官室
電話03-3501-2259／FAX03-3501-0382
〈対応指針全般に係るもの〉
北海道経済産業局総務企画部総務課
電話011-709-1773／FAX011-709-1778
東北経済産業局総務企画部総務課　電話022-221-4856／FAX022-261-7390
関東経済産業局総務企画部総務課　電話048-600-0213／FAX048-601-1310
中部経済産業局総務企画部総務課　電話052-951-2683／FAX052-962-6804

高等教育分野 高等教育局学生・留学生課
電話03-5253-4111(内線2519)/FAX03-6734-3391
科学技術・学術分野 科学技術・学術政策局政策課
電話03-5253-4111(内線4006)/FAX03-6734-4008
スポーツ分野 スポーツ庁健康スポーツ課障害者スポーツ振興室
電話03-5253-4111(内線3490)/FAX03-6734-3792
(国立の劇場及び国立の美術館に関すること)文化庁文化部芸術文化課
電話03-5253-4111(内線2828)/FAX03-6734-3821
(国立の博物館に関すること)文化庁文化財部美術学芸課
電話03-5253-4111(内線3154)/FAX03-6734-3814
(その他)文化庁長官官房政策課
電話03-5253-4111(内線2809)/FAX03-6734-3811

○公共交通機関(バス・鉄道・飛行機・タクシー)・不動産

国土交通省

〈法律全体及び以下の地方支分部局が所掌する事業以外〉
総合政策局安心生活政策課 電話03-5253-8304/FAX03-5253-1552

〈地方整備局が所掌する事業〉
東北整備局主任監査官 電話022-225-2171/FAX022-225-5690
関東整備局主任監査官 電話048-601-3151/FAX048-600-1910
北陸整備局主任監査官 電話025-280-8880/FAX025-280-8881
中部整備局主任監査官 電話052-953-8113/FAX052-953-9191
近畿整備局主任監査官 電話06-6942-1141/FAX06-6943-1629
中国整備局主任監査官 電話082-221-9231/FAX082-227-2768
四国整備局主任監査官 電話087-851-8061/FAX087-811-8401
九州整備局主任監査官 電話092-471-6331/FAX092-707-0031

〈地方運輸局が所掌する事業〉
北海道運輸局主任監査官 電話011-290-2725/FAX011-290-2716
東北運輸局交通政策部消費者行政・情報課
電話022-791-7513/FAX022-791-7539

三　分野・省庁別　相談窓口一覧

○認定こども園に係ること

内閣府

子ども・子育て本部参事官（認定こども園担当）付

電話03-6257-3095／FAX03-3581-0992

その他に係ること 政策統括官（共生社会政策担当）付

参事官（障害者施策担当）付　電話03-6257-1458／FAX03-3581-0902

○法務局・裁判所・検察・刑務所・保護観察所

法務省

債権管理回収業 大臣官房司法法制部　審査監督課債権回収係（企画・監督）

電話03-3580-4111（内線5914）／FAX 03-3592-7966

認証紛争解決事業 大臣官房司法法制部　審査監督課紛争解決業務認証係

電話03-3580-4111（内線5923）／FAX03-3592-7966

公証人関係 民事局総務課公証係

電話03-3580-4111（内線2412）／FAX03-3592-6906

司法書士・土地家屋調査士関係 民事局民事第二課司法書士土地家屋調査士係

電話03-3580-4111（内線5961）／FAX03-3592-7913

更生保護事業 保護局更生保護振興課更生保護事業係

電話03-3592-8121／FAX03-3592-8628

○学校・幼稚園・文化芸術・スポーツ・生涯学習

文部科学省

生涯学習・社会教育分野

（専修学校・各種学校に関すること）生涯学習政策局生涯学習推進課専修学校

教育振興室　電話03-5253-4111（内線2915）／FAX03-6734-3715

（社会教育に関すること）生涯学習政策局社会教育課

電話03-5253-4111（内線2977）／FAX03-6734-3718

初等中等教育分野 初等中等教育局特別支援教育課

電話03-5253-4111（内線3193）／FAX03-6734-3737

障害者差別解消NGOガイドライン作成プロジェクトへの助成を通じて

太田　健（たけし）
（公益財団法人キリン福祉財団　常務理事）

キリン福祉財団はキリンビール社が設立七十五周年を記念して、国際障害者年にあたる一九八一年に設立した財団です。障害児・者、高齢者、児童・青少年、地域社会の福祉向上に関する活動に、助成を通じた課題解決の応援を行っています。

二〇〇八年にDPI日本会議とのご縁を頂き、障害者差別解消法施行の前には私たちの事業に関わる、例えばスーパーマーケットの売り場やレストランでの合理的な配慮の提供について、会社に赴いて頂き従業員向けの解説会を一緒に開催する等、同じ課題の解決に向けて、協働頂いています。このような関係の中で、このたび『障害者が街を歩けば差別にあたる?!～当事者が作る差別解消法NGOガイドライン～』として本にまとめ、広く社会に発信するとの話を聞き、共感し応援のために紙面を頂きました。

このプロジェクトはとても戦略的に組み立てられています。まず障害による差別や困りごとの具体的な事例を収集し、それを各省庁や行政に「こんなことが課題」なので一緒に解決して行きましょう、と働きかけました。その多くは対応指針や対応要領に反映されました。次に、私たちが実際に使えるようなガイドラインにまとめ、タウンミーティングを全国で開催し啓発に努め、障害者差別禁止のための条例の制定に結び付く活動をしました。この活動には障害当事者のみならず、多くの関係者が参加し、まさに法を使いそして育てる取組みのモデルとなりました。

　私たちが目指す社会は、障害があってもなくても暮らしやすい、インクルーシブな社会です。障害者差別解消法の施行はそのスタートにすぎませんが、大きな一歩です。この本を手に取って頂いた読者の皆さんも、暮らしの中で気付いた身の周りの小さなことから変えていき、やがては社会を変革する推進者の一人となって頂けるものと確信しております。

おわりに

～ジャスティン・ダートと障害者差別解消法～

佐藤　聡

世界初の障害者差別禁止法は、一九九〇年に成立したアメリカの障害をもつアメリカ人法（ADA）です。このADA成立に深く関わった人物が、ジャスティン・ダート・ジュニアです。私はADAが成立した当時は学生で、アメリカはそんな法律ができるのかと驚き、同時になぜ障害に特化した差別禁止法をつくったのかが気になっていました。それから二三年が過ぎ、障害者差別解消法が成立した二〇一三年夏にアメリカに行き、奥様のヨシコ・ダートさんにお話を聞くことができました。ジャスティンは、もともとはビジネスマンで、一九六〇～一九七〇年代に日本で大成功を収めていました。ある時、ベトナム戦争で障害をもった児童の施設を訪問し、一人の少女と目が合い、衝撃を受けました。自分は障害者のために働こう。そう決意し、数年間、長野県と山梨県で山ごもりした後、アメリカに戻り、ADA制定へと取り組んだということでした。この時にお聞きした話の中で二つ心に残るエピソードがありました。

一つはADA成立のために、全米五〇州を何度もまわったということです。各地で公聴会を開き、障害者や関係者に集まってもらい、自分たちが受けた差別体験を話してもらいました。その事例を集積し、報告書を作成し、政府へADAの策定を働きかけたのです。ジャスティンがやってくるということで、どの会場も参加者で溢れかえり、朝から夜まで発表する人たちで行列ができたそうです。この話を聞いたのはダートご夫妻のご自宅だったのですが、壁には全米の地図が貼ってあり、訪問した都市に青いピンが刺してありました。相当な数です。日本は四七都道府県でそれでも全部行った人ってあまりいないだろうし、さらにアメリカは日本の二五倍も広いのだから、何度も回るのは相当な労力です。話を聞いていたら、一人ひとりの話を真剣に聞いているジャスティンの姿が目に浮かぶようでした。事例を集めることはもちろんですが、訪問によって多くの人々にADAへの関心を高め、策定に巻き込んでいったのだなと思いました。

二つ目に心に残ったのは、ADAの署名式の話です。ホワイトハウスの南庭には、三千人以上もの人が招かれ、ブッシュ大統領(父のほう)が入ってくるのを今か今かと待っていました。ジャスティンは急遽ステージに上がることになり、ステージの上から三千人の障害者たちを見たとき、世界中の障害者が自分の肩に乗ったような感じがして、気が重くなったというのです。ADAが成功するかどうかは世界中の障害者に影響を与えます。なんとしてもADAを成功させなければなりません。そのためには、これまで以上に頑張らねばなりません。法律の使い方を説明するために、もう一度五〇州を回ろうと思った、ということでした。この話を聞いて、自分だったら、何年もかけて実現したのだから、ステージの上からみんなに手を振って大喜びしていただろう、気が重くなるってなんだそれ？　と思いました。ジャスティンはアメリカの障害者だけでなく、世界の障害者のことを考えてやっていたのです。実際にその後、世界中の国々で続々と差別禁止法が制定され、障害者権利条約が採択され、日本にも差別解消法ができました。ジャスティンが覚悟を決めて先頭に立って引っ張ってくれたことが、日本の差別解消法制定にもつながっていたのだなと思いました。

日本もこれからが大事です。差別解消法が成立して終わりではなく、実効力のあるものに育てていくことが差別のない社会をつくるために不可欠です。それが、今の時代に生きる私たちの役割なのです。

二〇一四年には各省庁で対応要領・対応指針づくりが始まりました。ここで、ジャスティンの取組みを参考にして、私たちも差別事例を集めることにしました。政府や国会議員の中には「日本には差別はない」と言う人も少なくなかったのです。考えてみれば、そう言うのも無理はありません。障害者と一緒に行動したら日常的に差別に出くわしますが、障害のない人だけで行動していたら、差別の現場を見ることはほとんどありません。でも、日本にも障害者差別はあると説得するためには、実際に起きた差別事例が効果的です。公益財団法人キリン福祉財団からの助成をいただき、プロジェクトを立ち上げ、差別事例を寄せてもらうように全国に呼びかけました。すると一千件近くも事例が集まったのです。

この事例をプロジェクトメンバーで一つひとつ読んで、分類をしていきました。これは直接差別、間接差別、関連差別、合理的配慮の欠如、差別ではないが行政が働きかけるべきことなどなど。全国各地の人たちにも協力してもらい、事例を省庁ごとに分類し、提案書を作って各省庁に働きかけました。すると、提案がどんどん取り入れられたのです。ある省庁には八〇くらい提案しましたが、そのほとんどを取り入れてもらうことができました。事例、恐るべし。事例にはこんなにも人を説得する力があるのです。差別事例は差別解消法をバージョンアップする宝だなと思いました。

二〇一九年はいよいよ差別解消法の最初の見直しです。差別の定義がない、合理的配慮の提供が民間は義務ではない、救済の仕組みがないといった課題を改善できるかどうかが勝負です。差別解消法が施行されて差別はなくなったのか、まだあるのか。どのような差別があるのか、法の運用実態を監視するのは私たち障害者団体の役割です。

ジャスティンの覚悟を思い返して、これからも事例を集め続け、より良い法律へのバージョンアップを目指して取組みを続けたいと思います。

二〇一七年十一月

❖認定特定非営利活動法人 DPI 日本会議

DPI 日本会議は、DPI（Disabled Peoples' International の略。本部はカナダで、国連経済社会理事会の特別諮問資格をもつ）の日本国内組織として、1986 年に発足した。身体障害、知的障害、精神障害、難病等の障害種別を超えた 96 団体が加盟している（2017 年 8 月現在）。地域の声を集め、国の施策へ反映させること、そして国の施策を地域へ届けることが DPI 日本会議の活動の鍵となっている。現在の議長は平野みどり。

〒 101-0054　東京都千代田区神田錦町 3-11-8　武蔵ビル 5 階
電話 : 03-5282-3730 ／ファクス : 03-5282-0017
メール : office@dpi-japan.org ／ホームページ : http://www.dpi-japan.org/

❖障害者差別解消 NGO ガイドライン作成プロジェクト

公益財団法人キリン福祉財団の助成を受け、2014 年度から 3 年間実施。①障害者差別解消法の対応要領・対応指針に対して障害当事者サイドから提言、②全国各地の条例制定を後押しするタウンミーティングの開催（既に条例のある所はそのブラッシュアップ）、③障害者差別解消法推進キャンペーン「そうだ、相談窓口使ってみよう！」（実際に相談窓口を使って実効性を調査する行動）の三本柱で展開。

＊差別解消 NGO ガイドライン作成プロジェクトは、公益財団法人キリン福祉財団の助成を受けて実施しました。

障害者が街を歩けば差別に当たる?!
――当事者がつくる差別解消ガイドライン

2017 年 12月 15 日　第 1 版第 1 刷発行
2018 年　5月 10 日　第 1 版第 2 刷発行

著　者　DPI 日本会議
発行者　菊地泰博
組　版　プロ・アート
印刷所　平河工業社（本文）
　　　　東光印刷所（カバー）
製本所　鶴亀製本
装　幀　杉本和秀
カバーイラスト　伴秀政

発行所　株式会社　現代書館
〒 102-0072　東京都千代田区飯田橋3-2-5
電話 03(3221)1321　FAX03(3262)5906
振替 00120-3-83725　http://www.gendaishokan.co.jp/

校正協力・高梨　恵一

 ISBN978-4-7684-3561-8
定価はカバーに表示してあります。乱丁・落丁本はおとりかえいたします。

「障害者差別禁止法制定」作業チーム 編

当事者がつくる障害者差別禁止法

——保護から権利へ

一九九〇年のアメリカ障害者法制定後の十年間に、世界の四二カ国で障害者差別禁止・権利法が法制化されているが、日本の旧障害者基本法は保護・対策法であって権利法ではなかった。何が障害にもとづく差別で、障害者の権利とは何か。法案要綱、国連やEUの取り組み等、国際的動向の資料も掲載。

１７００円＋税

横田 弘 著／立岩真也 解説

【増補新装版】障害者殺しの思想

一九七〇年代の障害者運動を牽引し、健全者社会に対して「否定されるいのち」から鮮烈な批判を繰り広げた日本脳性マヒ者協会青い芝の会の「行動綱領」を起草、思想的支柱であった故・横田弘の原点的書の復刊。障害児殺し事件、優生保護法反対、川崎バス闘争等と今に繋がる横田の思索。

２２００円＋税

荒井裕樹 著

差別されてる自覚はあるか

——横田弘と青い芝の会「行動綱領」

一九七〇年代の障害者運動を牽引し、「否定されるいのち」の立場から健全者社会に鮮烈な批判を繰り広げた日本脳性マヒ者協会青い芝の会の「行動綱領」を起草、思想的支柱であった故・横田弘の思想を、仏教思想や「マハ・ラバ村」時代、関係者への取材から探究し、今日的な意義を考える。

２２００円＋税

中西正司 著

自立生活運動史

——社会変革の戦略と戦術

「当事者運動なきところにサービスなし」をモットーに、日本の自立生活運動、障害者施策をけん引してきた著者による、一九八〇～二〇一〇年代の障害者運動の総括。官僚や学者との駆け引きを交え、二十世紀最後の人権闘争と言われた「障害者運動」が社会にもたらしたものを明らかにする。

１７００円＋税

杉本 章 著

〔増補改訂版〕障害者はどう生きてきたか

——戦前・戦後障害者運動史

従来の障害者福祉史の中で抜け落ちていた、障害当事者の生活実態や差別・排除に対する闘いに焦点を当て、膨大な資料を基に障害者運動、障害者福祉政策・法制度を綴る。障害者政策を無から築き上げてきたのは障害者自身であることを明らかにした、障害者福祉史の基本文献。詳細な年表付き。

３３００円＋税

全国自立生活センター協議会 編

自立生活運動と障害文化

——当事者からの福祉論

親許や施設でしか生きられない、保護と哀れみの対象とされてきた障害者が、地域生活の中で差別を告発し、社会の障害観、福祉制度のあり方を変えてきた。一九六〇～九〇年代の障害者解放運動、自立生活運動を担ってきた一六団体、三〇個人の軌跡を綴る。障害学の基本文献。

３５００円＋税

J・P・シャピロ 著／秋山愛子 訳

哀れみはいらない

——全米障害者運動の軌跡

障害者福祉を慈悲と保護から権利と差別禁止へと変えた、歴史的なアメリカ障害者法成立に至る障害者運動のエンパワメントを追う。障害の文化・歴史・アメリカ社会の障害観の変遷、障害をめぐる政治の動き、介助保障・アクセス・教育などを巡る当事者運動・権利擁護運動などを重層的に解き明かす。

３３００円＋税

（定価は二〇一七年十二月一日現在のものです。）